国家自然科学基金重点项目"中部地区承接产业转移的驱动机制

黄河文明与可持续发展文库

基于产业动力的县域城镇化研究

——以河南为例

Study on County Urbanization Based on Industrial Dynamics

Taking Henan as an Example

陈维忠◎著

科学出版社

北京

图书在版编目（CIP）数据

基于产业动力的县域城镇化研究：以河南为例 / 陈维忠著. —北京：科学出版社，2018.6

（黄河文明与可持续发展文库）

ISBN 978-7-03-058020-7

Ⅰ. ①基… Ⅱ. ①陈… Ⅲ. ①城市化-研究-河南 Ⅳ. ①F299.276.1

中国版本图书馆 CIP 数据核字（2018）第 131802 号

责任编辑：杨婵娟　李嘉佳 / 责任校对：孙婷婷
责任印制：徐晓晨 / 封面设计：无极书装
编辑部电话：010-64035853
E-mail：houjunlin@mail.sciencep.com

科　学　出　版　社 出版
北京东黄城根北街 16 号
邮政编码：100717
http://www.sciencep.com

北京凌奇印刷有限责任公司 印刷
科学出版社发行　各地新华书店经销

*

2018 年 6 月第 一 版　开本：B5（720×1000）
2019 年 9 月第二次印刷　印张：11 1/4
字数：227 000

定价：**68.00 元**

（如有印装质量问题，我社负责调换）

丛 书 序

　　大河流域是人类文明的摇篮。在中华文明发祥、形成、发展、演化和复兴的过程中，黄河文明一直发挥着中流砥柱的作用。尽管什么是文明，学术界还有不同的看法，但文明作为人类社会进步的状态，就不仅体现在诸如文字、技术（如青铜器）、城市、礼仪等组成要素上，而且还体现在由这些要素组成的社会整体：国家的形成与发展上。正如恩格斯在《家庭、私有制和国家的起源》中所指出的："国家是文明社会的概括。"对于黄河文明的认识，无论是对中国古代文明起源持单中心论的学者，还是持多中心论的学者，都无法否认从黄河流域兴起的夏、商、周文明在中国古代文明起源与发展中的支配地位。特别是，随着考古学研究的深入和中华文明探源工程的推进，我国史前文化的地域多样性得到了进一步的确认，黄河文明在我国古代文明进程中的支配地位同样也得到了进一步的确认。由此，我们不禁要问，在灿烂发达、具有多个起源的中国史前文化中，为何只有地处黄河流域的中原地区走向了国家文明的道路，而别的地区却被中断或停滞不前？黄河文明的特质、优势及其对文明连续性发展的影响何在？黄河文明与周边地区的文明是如何互动并融合发展的？在国家文明形成之后，自秦汉至唐宋，黄河文明在中华文明进程中是如何创造一个个高峰的？她对中华文明乃至世界文明究竟产生了哪些重大影响？北宋以来，伴随着国家经济中心和政治中心的地域转移，黄河文明的演化与发展又面临着哪些前所未有的挑战？如果说农耕文明是黄河文明的核心内容，那么，是什么原因造就了这种文明的历史辉煌？又是什么原因造成其发展的路径依赖甚至锁定，以至于形成"高水平均衡陷阱"？

　　在国际学术界，冷战结束之后，伴随着经济全球化的快速推进，国际政治经济格局和秩序的重构，生态与可持续发展问题的凸显，有关文明冲突、共存，以及文化软实力、文化竞争力的辩论，为地域文明的研究注入了鲜明的时代性及全球化和生态环境两个重要视角。对于黄河文明而言，在全球化时代从传统农耕文明向现代农业文明、现代工业文明和现代城市文明的转型已成为历史必然。经过一个多世纪的探索，目前黄河文明已经进入全面、快速转型的新时期，但这种转型不仅面临着传统制度和文化的约束，而且还面临着前所未有的资源与生态环境问题的挑战。作为中华文明的典型代表，黄河文明在全球化时代和全面转型时代如何实现可持续发展并实现伟大复兴，仍是我们面临的一个重大的时代性课题。

历史是一面镜子，而现在是联系过去和未来的纽带。对于文明的研究，我们需要回答几个基本问题：我们是谁？我们从哪里来？现在到了哪里？今后走向何方？为了回答黄河文明的这些问题，地处黄河之滨的河南大学以多年对黄河文明研究所形成的厚重历史积淀为基础，整合学校地理、经济、历史、文学（文化）等优势学科，并广泛联合国内外优秀研究力量，于 2002 年组建了黄河文明与可持续发展研究中心，并于 2004 年被国家教育部批准为普通高等学校人文社会科学重点研究基地。围绕黄河文明与可持续发展这一核心，中心将历史研究与现实研究有机结合起来，凝练了黄河文明的承转与发展、制度变迁与经济发展、生态与可持续发展三个主攻方向，并以此为基础，提出了创建具有中国特色、中国风格、中国气派的"黄河学"的宏伟目标。

近年来，中心科研人员承担了一批国家自然科学基金、国家社会科学基金、教育部基地重大项目等国家级和省部级课题，取得了丰硕研究成果。为繁荣黄河文明与可持续发展研究，推动"黄河学"建设与发展，河南大学黄河文明与可持续发展研究中心从 2011 年起编撰"黄河文明与可持续发展研究丛书"，分批出版中心研究人员在黄河文明与可持续发展研究领域的代表性成果。此套丛书的出版得到了科学出版社的大力支持，在此我代表黄河文明与可持续发展研究中心表示衷心的感谢。

"黄河学"的创建任重而道远，黄河文明复兴的征程伟大又艰巨。研究黄河文明形成、发展、演变的规律，探究黄河文明的精髓和可持续发展的道路，不仅对中华文明、中国道路的研究有重大贡献，而且能为世界不同文明的和谐发展提供知识和智慧源泉。我们期待着中华文明的伟大复兴，我们也期待着以黄河文明与可持续发展研究为核心的"黄河学"能够早日建成并走向世界。

苗长虹

河南大学黄河文明与可持续发展研究中心执行主任

2011 年 4 月 9 日

序

党的十九大首次提出实施乡村振兴战略和区域协调发展战略，强调把解决好"三农"问题作为全党工作重中之重；强调以城市群为主体构建大中小城市和小城镇协调发展的城镇格局，加快农业转移人口市民化。这虽然是两个战略，但两者相互关联、互为因果。这其中，城镇化是乡村振兴和区域协调发展的助推器，聚焦农民工市民化，加快以人为核心的新型城镇化，对破解"三农"难题、加快城乡一体化、推动"四化"同步发展意义重大。

作为传统农区，一个县域动辄上百万人口，人口众多、基础薄弱、工业化城镇化水平低、贫困县占比大，既是乡村振兴的主阵地，也是区域协调发展的主战场。《基于产业动力的县域城镇化研究——以河南为例》一书认为，传统农区城镇化的立足点在县域，县域城镇化是最经济的城镇化和最乡土的城镇化，重中之重是产业兴旺，根本要求是统筹推进农民工市民化、农业规模化、新农村建设：一方面是"人口进城"，让更多的农业劳动力转移到第二、第三产业就业，以农村规模化增加农业劳动生产率；另一方面是"服务下乡"，以新农村建设推动乡村振兴，分享到城镇的现代化生活，这才是完整的城镇化。该书站在"三农"的视角，按照不同的产业发展动力机制，把县域城镇化分为四种范式，乡镇工业推动型城镇化，体现在乡镇企业发展好、工业化水平高的地区，从城镇近郊和特定区域，渐次推进农村新型社区建设，主要是农民工的空间转型；龙头企业融合型城镇化，体现在农业龙头企业规模化产业化经营上，按照一二三产业融合的方式，促进农民工的就业转型；返乡创业带动型城镇化，体现在人口迁徙、劳动力"回流"上，鼓励带有"一技之长"的能人反哺乡里、带动乡邻，促进农民工的市民化转型；产业转移拉动型城镇化，体现在承接沿海发达地区产业转移上，规划建设产业集聚区或专业园区作为载体，以产城融合的方式推进，促进农民工的就业转型。

河南作为中部发展中省份，既是典型的农业大省，也是新兴工业大省。在新时代实施乡村振兴战略和区域协调战略的背景下，加快推进工业化城镇化进程，确保和全国人民一道全面建成小康社会，与全国同步基本实现现代化，其既面临难得的历史机遇，又必须担负起重大责任。该书深入贯彻落实习近平总书记视察指导河南时打好"四张牌"的要求，按照新发展理念，从河南城镇化发展的大格局出发，因地制宜、分类施策，立足"大城市、大农村"并存现状，建设郑州国家中心城市和洛阳副中心城市，在产业基础和配套条件好的区域实施"全域城镇化"、在传统农区推动县域城镇化，统筹实施乡村振兴战略，搭建创新平台，打造开放高地，推动产业转型，加快工业化、城镇化、农业现代化、信息化"四化"同步发展，决胜全面小康、让中原更加出彩。

传统农区工业化城镇化是现代化进程中的根本问题，"三农"问题攸关工业化城镇化成败。我国改革开放 40 年积累了巨大的物质财富和产业基础，以工哺农、以城带乡、工农互惠，统筹破解"三农"难题的条件已经具备。在此过程中，我们必须增强责任感和紧迫感，努力探索可借鉴、可复制、可推广的经验。陈维忠同志在攻读博士后期间，为此做了广泛而深入的田野调查，对当前传统农区县域城镇化的模式进行了有益的提炼和探索，这是一条不懈努力的求索之路，也是一条探索真知的求是之路。希望他能为传统农区的振兴和复兴做出更大的努力和探索，是为序。

中共中央政策研究室原副主任
中国国际经济交流中心副理事长
2018 年 3 月 16 日

前　言

党的十九大强调，我国经济已由高速增长阶段转向高质量发展阶段，必须坚持质量第一、效益优先，以供给侧结构性改革为主线，深入实施乡村振兴战略、区域协调发展战略等一系列重大举措。"三农"问题攸关工业化城镇化成败。面对高质量发展的新时代，作为传统农区，解决城乡二元、加快经济转型、强化社会创新的任务繁重，解决发展不平衡不充分的矛盾刻不容缓。而县域城镇化是新型城镇化的内在要求，是最经济的城镇化和最乡土的城镇化，是统筹城乡发展、破解"三农"问题的重要平台和载体，这其中，农村人口城镇化是县域城镇化的核心，产业发展是促进县域城镇化的强大动力，农民工市民化、农业规模化、新农村建设是县域城镇化的关键。本书基于产业动力对传统农区县域城镇化进行了理论分析和田野调查，力争形成以下基本认识。

坚持把"三农"作为全面决胜小康、加快实现现代化必须正视和解决的重大问题，未来5~10年是机遇期和窗口期。"三农"是"四化"同步发展最薄弱、最基础的部分和突出短板，破解"三农"问题势在必行。所谓机遇期，统筹推进以破解"三农"问题为核心的县域城镇化，是新常态下转型发展的最大潜力和内需所在，能为结构调整、动力转换提供强大而持续的需求动力；所谓窗口期，随着经济社会发展、工业化城镇化进程的加快，已经有了以工哺农、以城带乡的强大积累，具备了破解"三农"难题的能力。所谓势在必行，当前逃离乡村与逆城镇化强劲并存，乡村凋散与美丽乡村建设并存，"三农"问题错综复杂，已经到了综合施策、精准施策，破解这一难题的时候了。

坚持以制造业为主体发展实体经济，强化产业主导力。广义上讲，现代化的进程取决于工业化积累的巨大财富。加快推进县域城镇化，产业支撑仍是最大最紧迫的课题。当前和今后一个时期，工业化的功能和定位应有所转变，工业在国民经济中的核心功能将逐步由过去的促进增长和扩大就业，向通过促进新技术的创新和扩散提高国民经济可持续增长能力、解决重大民生问题和提升核心竞争力转变。应以产业发展为抓手，强化企业主体地位，促进普惠性的经营环境改善和公共服务体系建设，支持各类市场主体做多、做大、做强，加快制造模式、生产方式、管理方式在城镇化、农业现代化过程中的推广普及，增强产业反哺农业、扩大就业、支撑城镇的作用。

坚持以人为本构建金字塔式现代城镇体系，提升城镇承载力。城镇化是一个连续、动态的过程：农民进入城镇、中小城市，中小城市市民进入大城市，大城市则不断增长、寻求成为特大城市的机会，新型城镇化应该是一个金字塔式的大中小城市结构。但过去 10 年我国小城市的数量减少 100 多个，同时资源过分集中于大城市，造成一二线城市房价暴涨、三四线城市房产库存的状况。大城市的承载力毕竟有限，应在大力推进国家中心城市和城市群建设的同时，把县域城镇化作为重点，以县城为中心、以县域里面的小城镇为依托，强化提质扩容、注重个性特色，在县域范围内推动一半以上的人住到县城城区或城镇，有效提升县域的承载力。

坚持以破解"三农"难题为重点加快县域城镇化，探索不同形式的就地城镇化、就近城镇化的路子。利用当前经济发展条件下农村消费升级和互联网条件下创富机会升级机遇，统筹推进农民工市民化、农业规模化、新农村建设。应分类指导、精准施策，针对城镇周边、产业园区建设和贫困人口整体搬迁，积极稳妥地推进农村新型社区建设；引导第二、第三产业龙头企业下乡发展农业、引导农业化龙头企业延伸链条至"田间地头"，通过工业化的理念促进农业规模化、集约化、绿色化生产经营，加快一二三产业融合发展；积极实施返乡创业，人往家乡走，钱往家乡投，一方面促进县域经济发展和繁荣，另一方面破解"离土离乡"难题，解决留守老人、留守儿童问题；持续推进承接产业转移和产业园区建设，以产业为基、就业为本，以住房、教育拉动，加快产城融合，让更多的农业劳动力转移到第二、第三产业就业。对一个县域，应统筹运用不同形式进行鼓励和引导，以壮大县域经济和促进县域城镇化为目标，把"创新能力提升、制造能力下沉"作为基本取向，统筹推进、有机协调。

坚持以深化改革、制度创新为重点加快城乡一体化，提高制度保障力。聚焦城乡一体化，推动城乡要素配置和公共服务均等化，依靠体制改革、机制创新和制度建设。应重点推动城乡居民基本权益平等化，建立城乡统一的建设用地市场，加快发展多种形式的土地经营权流转市场，大量增加农民财产性收入，发展规模经营；还应加快推进城乡公共服务均等化、城乡居民收入均衡化、城乡要素配置合理化、城乡产业发展融合化，通过破瓶颈、解难题、强制度，解决未来谁来种地问题，补齐农业农村这块短板，激发巨大的消费动力、投资动力和创新动力，释放城乡一体化发展新动能。

坚持以优秀传统文化复兴为重点重构乡土中国，提升文化驱动力。由于社会形态、生活方式、利益格局变化和信息网络的冲击，农村"庄邻院舍""亲戚六人"的关系被割裂，乡村文化变迁巨大，乡土重构任重道远。应高度重视以"家"为核心、以"血缘"为纽带的乡土中国建设，弘扬"乡贤"文化、村规民约、家谱宗祠等优秀传统文化，强化乡村文化阵地建设，提升农民文明素质，使乡村精神文化面貌焕然一新，形成社会主义文明新风尚。

针对传统农区县域城镇化和县域经济，笔者历经 5 年的调研、访谈和研究，深深地感到，"三农"问题是现实的，也是面向未来的；是沉重的，也是充满希望的。调研越深入，越能感觉党的十九大提出的乡村振兴战略、区域协调发展战略的重要意义，倍感肩上的责任和使命。在此过程中，适逢笔者在中国国际经济交流中心攻读博士后，得到了郑新立、张大卫等老师的悉心指导，对传统农区工业化城镇化的研究进入了一个新的境界。在写作过程中，也得到了河南省工业和信息化委员会、河南大学的众多同仁与各界朋友的无私帮助和大力支持，在这里一并表示由衷的感谢！

但我也深深地感到，自己在这方面的探索还有很多不足。笔者提出的县域城镇化的四种范式，根据不同的参照物，会有不同的分类方法，目前的研究范式是基于实践总结的，可能失之于严谨和周延；在具体实践中，四种县域城镇化范式如何有机结合、统筹推进，如何集成应用、发挥最大效能，有待深入探讨；在创新实践过程中，也还有各种不同类型的县域城镇化范式需要探索，需要不断丰富和发展等。鉴于笔者理论水平和实践经验有限，本书难免存在不足之处，敬请广大读者指正。

陈维忠

2018 年 6 月

目　　录

第一章 基于产业动力的县域城镇化理论研究

党的十九大报告中提出的乡村振兴战略，对传统农区来说具有深远而重大的意义。传统农区是保障国家粮食安全的战略性区域，中国粮食主产区范围包括13个主产区和11个非主产区的产粮大县800个，保粮稳粮是以粮食主产区为代表的传统农区的首要任务。传统农区产区垦殖历史长，生态相当脆弱，又要承担保障国家粮食安全的重任，还通常面临人口众多、基础薄弱、矿产资源相对匮乏、原始积累不足、工业层次低等问题。在长期的经济发展中，传统产区通过城乡二元体系，为城市发展做出巨大贡献，而"三农"问题，即农民工市民化、农业规模化、新农村建设问题也日益成为各种矛盾的聚焦点。

县域是传统农区工业化城镇化的立足点。工业化城镇化作为人类社会经济发展必经的一个历史发展阶段，也是农业国家或落后国家实现现代化的重要途径，更是传统农区实现生存跨越的必由之路。经济学家斯蒂格利茨曾预言：中国的城市化与美国的高技术发展将是深刻影响21世纪人类发展的两大课题。现阶段的基本共识是，城镇化是现代化的必由之路，是保持经济持续健康发展的强大引擎，同时大家也都认为，"三农"问题攸关城镇化成败，在全面建成小康社会加快现代化建设的过程中解决"三农"问题是我国面临的最艰巨最繁重的任务。作为传统农区，既要实现工业化城镇化，又要统筹解决"三农"问题，为国家粮食安全做贡献，重点在县域，核心是农民工市民化，产业发展是农民工市民化的强大动力，强调以人的城镇化为核心，以产业为基、就业为本、安居乐业为目标，有序推进农业转移人口市民化，这是当今最大的挑战所在，也是保持持续发展的最大潜力所在。

在传统农区县域城镇化推进过程中，需要从宏观和微观两个维度深入把握。从宏观层面上，要遵循规律、把握阶段，工业化城镇化是人类社会经济发展必经的一个历史发展阶段，城市是农业、工业和第三产业发展共同作用的结果，必须对城镇化与工业化、农业现代化、信息化同步发展做深入研究，推动信息化与工业化深度融合、工业化和城镇化良性互动、城镇化与农业现代化相互协调，促进城镇发展与产业支撑、就业转移和人口集聚相统一，促进城乡要素平等交换和公共资源均衡配置，形成以工促农、以城带乡、工农互惠、城乡一体的新型工农、城乡关系；从微观层面上，需要把握着力点、找准突破口，县城和城镇连接城乡、辐射农村，农村人口向县城和城镇转移，是成本最低、效率最高的城镇化路径，农村人口城镇化是县域城镇化的核心，统筹推进农民工市民化、农业规模化、新农村建设是县域城镇化的关键。一方面是"人口进城"，以人为本、以产业为动力大力发展县域经济，让更多的农业劳动力转移到第二、第三产业就业，以农村规模化增加农业劳动生产率；另一方面是"服务下乡"，加快推进基本公共服务一体化，以新农村建设改善农村生活生产环境，分享到城镇的现代化的生活，使全体居民共享现代化建设成果，这才是完整的城镇化，以此破解"三农"这个"天下第一难题"，探索出一条符合传统农区实际的新型城镇化路子。

第一节　城镇化——遵循发展规律的历史抉择

城镇化作为人类社会经济发展必经的一个历史发展阶段，也是农业国家或落后国家实现现代化的重要途径，更是传统农区实现生存跨越的必由之路。城镇化的终极目的是让人们过上高品质的生活，马克思早在世界城镇化初期，就认为："城市本身表明了人口、生产工具、资本、享乐和需求的集中；而在乡村里所看到的却是完全相反的情况：孤立和分散。"城镇化不是简单的拉动 GDP（国内生产总值），而是为了人们过更高品质的生活。在新型城镇化模式该怎样推进方面，学术理论界围绕新型城镇化建设开展了大量研究（李程骅，2013；倪鹏飞，2013；仇保兴，2010；张占斌，2013；张占仓，2010），在人口城镇化上取得了重要共识，但在一些重要问题上也存在不同看法，如推进城镇化建设应以大城市为主还是重点发展小城镇，是应着力解决进城农民工的市民化问题还是让农民就地享受市民待遇，是避免政府主导城镇化还是必须发挥政府主导作用。迟福林（2013a，2013b）指出，人口城镇化重在农民工市民化，以农民工整体融入城市公共服务体系为核心，推动农民工"个人融入企业、子女融入学校、家庭融入社区、群体融入社会"。马宏伟（2013a）指出，推动城镇化建设必须坚持以人为核心，一是转移人，促进农业转移人口市民化；二是提升人，使人的能力素质与现代城市文明相适应。虽然学术界对有些相关问题做了多视角的有益探讨，但针对中国国情和不同地区的实际情况，新型工业化、新型城镇化和农业现代化互动关系的特殊性，还有待于进一步拓展。根据研究内容，对新型城镇化过程中县域城镇化、"三农"及动力机制等相关研究做以下梳理。

一、县域城镇化研究

根据《辞海》定义，城镇化是指人口、用地和经济、文化模式由农村型转向城市型的过程和趋势。在描述中国的县域城镇化现象时，相关的概念和表述有很多，类似的表述有"小城镇""农村城镇化""就地城镇化"等。关于县域和小城镇作为城镇化进程中重要空间模式的探讨研究不在少数，大多数研究认为，小城镇由于人口规模偏小，基础设施和公共产品投入的机会成本很高，不能有效吸引乡镇企业和农村人口向小城镇集中。当前我国城镇化面临可持续发展的严峻挑战，在相当程度上是由于忽视了小城镇在城镇化进程中的基础性地位。党的十九大报告提出实施乡村振兴战略和区域协调发展战略，以城市群为主体构建大中小城市和小城镇协调发展的城镇格局。这其中，一个重要的因素就是解决发展的不平衡不充分问题。县域城镇化对我国城镇未来的合理布局和区域均衡发展意义重大。一方面，城镇化过程中，我国既要发挥核心大都市圈的积极作用，又要避免人口过度集聚，以县域城镇化为重点的小城镇发展是大中城市与农村的过渡性空间的重要依托；另一方面，在大城市和特大城市高速发展的同时，我国相当一部分地级市和县级城镇的人口规模都普遍偏小，达不到经济发展和城市发展的适宜规模，鼓励小城镇发展对化解粮食供应危机、缓解工农紧张关系、促进农业现代化发展具有现实理性。

（一）县域城镇化的内涵、特点和分类

丁凯（2009）、晏群（2005）等提出了"完整城镇化"的概念，强调生活方式、思想观念、居住地点、从事职业及景观形态、建筑质量的转变。辜胜阻和刘江日（2012）认为，中国的县域城镇化表现出了经济上由农业向工业转型、体制上由计划向市场转型、人口转移上异地转移与就地转移并存、发展模式上自下而上和自上而下的模式并存、推动力上流动人口和城市人口共同推动的特点。傅晨（2005）分析了县域城镇化的内在含义，认为我国的城市化有其特殊性，应使用县域城市化一词，与西方通常意义上的城市化概念加区分。欧定余和尹碧波（2006）从生活方式和经济集聚的角度来定义农村城镇化，认为农村城镇化重点在于农民生活方式的转变而不是强调经济上的集聚和规模效应。秦润新（1999）对中国农村城镇化的特征进行了概括和总结，认为农村城市化有四大特征：时间上主要以渐进的方式为主；空间上以乡镇为核心；就业上亦工亦农，非农为主；生活方式上以向新型生活习惯转变为趋势。

对县域城镇化的分类研究也是当前研究的焦点之一。目前，分类的依据多集

中在城镇化的推进模式、动力机制、农民市民化程度等多个视角。根据城镇化推进的空间模式，李强等（2012）将我国的城镇化推进模式归纳为七类（图1-1）。从空间维度来看，这七种模式也基本覆盖了城乡空间范围，县域城镇化包括建立开发区，建设新区、新城，城市扩展，乡镇产业化和村庄产业化五类。

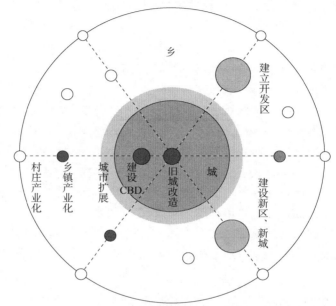

图1-1　中国多元城镇化推进模式空间图示

CBD即中央商务区（central business district）

从动力机制来看，徐勇（2013）从动力的角度，将农村城镇划分为企业带动型城镇化、政府主导型城镇化、市场拉动型城镇化，拉美模式属于政府主导型城镇化，欧美模式则是市场主导型城镇化。这些模式、道路都能够从不同的视角解释"三农"的城镇化过程。当前城镇化基本存在两种模式：一种为内生动力型，即由农村经济发展内在动力推进非农化进程，或由工矿资源基地开发带动非农化和工业化，与这种基本模式相对应的是由小到大顺序发展的城镇化趋势；另一种是中心辐射型，即在具有经济中心地位和功能的特大城市辐射下推动城镇化的类型，与这种基本模式相对应的是由大到小顺序发展的城镇化趋势。

根据农民进城的程度，邓大才（2013）将城镇化划分为三种模式：身体城镇化、身份城镇化、生活城镇化。他认为三种模式受不同的外部因素影响：身体城镇化由劳动力输出地的经济发展程度、劳动力自由程度及城市对身份的控制程度三个因素决定；身份城镇化由城市扩张与经济发展、地理位置和政府强制三个变量决定；生活城镇化由经济发展、地理位置和自由选择三个变量决定。

其他的分类方式还有很多。例如，根据城镇化的时序分为四种模式，同步城镇化模式、过度城镇化模式、滞后城镇化模式和逆城镇化模式；根据城镇化空间结构形态可分为集中型和分散型城镇化模式；根据城镇化的规模结构等级可分为小城镇、中等城市、大城市、国际化都市模式或大中小城市结合型模式；根据城镇化过程中资源利用方式可分为粗放型和集约型模式。

（二）县域城镇化中基于产业动力的理论研究

目前的研究多从城镇的产业需求角度展开，探讨导致产业结构调整的各类因素，试图从中找出对城镇化动力机制影响最大的部分，这类研究达成的共识部分包括工业化、信息化及灵活配置区域中的资本均是产业结构得以调整的重要动力，也是直接促进城镇化进程的机制所在。孙新雷和郭鸿雁（2003）认为工业化是推动城镇化发展的最基本动力。钟秀明（2004）提出，城镇化的动力机制是一个相互联系、相互作用的系统，这一系统的根本动力是工业化。赵君和肖洪安（2004）的研究结论是工业化是城镇化的直接产生和推动力量，经济结构的优化演进为城镇化的进程提供了持续动力。

就县域产业发展的研究，开始于 20 世纪 80 年代的乡镇企业，作为一种新的工业化模式，由乡镇企业所推动的农村农业化现象引起了众多研究者的关注。大多数研究认为，高速发展的乡镇企业不仅在推动传统农村社会经济结构的转换方面，而且在实现中国经济的高速增长、发展市场经济等方面，都做出了不可低估的贡献。20 世纪 90 年代后半期开始，研究重点集中于"县域经济"，凌耀初（2005）认为，发展县域经济主要途径是引进现代生产要素与改造传统农业，发展特色经济、企业集群与中小工商业。刘俊杰（2005）认为，县域经济发展的基本路径是实现城镇化与工业化，发挥民营资本的带动作用，培育县域优势特色产业，发展集群经济。张弢（2006）认为，产业化是县域经济发展的主要内容，而发展县域经济的根本目的是建设社会主义新农村。

二、县域城镇化市民化转型、空间转型、就业转型的理论研究

在县域城镇化过程中，农村、农业与农民成为最大的改造对象，其中，一切变化都必须以人的转变为核心，农民在城镇化运动中的转变不仅涉及其自身的利益，更是新型城镇化的内生动力。以往的研究表明，这些转变主要包括：市民化转型，就是农民身份的转变；空间转型，就是农民居住空间的位移；就业转型，就是农民所从事的产业形态的转变（图 1-2）。

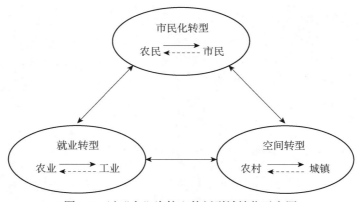

图 1-2　以"人"为核心的新型城镇化示意图

（一）市民化转型

当前，对农民市民化的研究多集中在市民化过程、农民意愿、农民权益及阻力等几个方面。有学者认为，中国的"市民化"是分两步走的，第一步是农村剩余劳动力转移到城市成为农民工的"半市民化"过程，第二步是进城农民逐渐融入城市成为市民的"后市民化"过程。农民市民化发展严重滞后的关键因素就是农民工进入"后市民化"的途径始终没有打通而且"半市民化"与"后市民化"之间严重脱节。农民工"半市民化"向"后市民化"的过渡有赖于政府主导、农民主动、社会支持等各方形成合力，共同推动；有赖于从宏观、中观、微观三个层面，经济系统、制度系统、文化系统、社会系统、政治系统、自我发展及信息技术系统七个方面建立全面协调的衔接机制。另外有学者认为，绝大多数进城农民处于城市的边缘地位，他们不仅缺乏制度接纳，而且不被城市社会认同，难以融入城市。但他们的子女在生活习惯、文化习俗、职业选择、行为方式、价值观念等方面更接近于市民，具有很强烈的市民化意愿。胡杰成（2011）指出，农民市民化过程是作为主体的农民与社会结构密切互构共变的过程。影响农民市民化的社会结构因素主要包括制度安排、经济环境和舆论态度；农民主体因素则包括农民工的市民化意愿和市民化能力。黄锟（2011）分析了城乡二元制度对农民市民化意愿、市民化能力和市民化进程的影响，虽然进城务工的农民具有比较强烈的市民化愿望，但由于受到城乡二元制度和农民自身市民化能力的制约，绝大多数农民无法转化为市民。赵立新（2006）从社会资本的角度分析当前制约城市农民工市民化的瓶颈，认为私人关系型社会资本量小质低、制度型社会资本和组织型社会资本严重缺失是阻碍农民市民化的主要阻力。葛信勇（2010）认为影响农民市民化进程的关键因素是经济社会发展、农民工自身素质和政府政策。总体来说，农民市民化主要面临两大障碍：一是城乡分割的二元制度，城乡分割的户籍制度及依附于户籍制度之上的社会福利制度和公共服务制度，延缓限制了农民工市民化进程。二是农民市民化所需的巨大的社会成本，制约着农民市民化进程。

（二）空间转型

人口是城镇化进程中最重要的集聚要素，而城镇化反过来又让迁移人口分享到城市文明。人口迁移与城镇化密不可分的关系使得许多学者一直以来对人口迁移与城镇化发展进行了多视角的研究。目前，研究主要集中在农民迁移的动机、迁移发生的动力机制等几个方面。关于农民由乡到城的搬迁动机研究，普遍的观点是这种搬迁行动是处于社会底层或较低社会经济地位的农民向上层社会流动的重要途径。李强和唐壮（2002）认为，人们改变社会地位的渠道主要是职业渠道、经济渠道、政治渠道、教育渠道和婚姻渠道，城市中这些渠道提供了更多的机会。张肖敏（2006）认为，农民向城市转移的动机来源于他们的生活目标，无论是在经济层面、社会层面，还是在政治文化层面，不同的生活目标对农民融入城市有不同的影响。城市调适机制和市场筛选机制，是外来农民能否流入城市成为居民的决定因素。关于农民迁移进城动力机制的研究，有学者借用"推拉理论"，认为巨大的经济驱动力是促使农民进城的主要动力。城乡之间巨大的经济差异和收入差异是人口流向城市的最主要原因；有学者用"理性选择"理论对农民工外出原因进行解释；有学者研究认为农民由乡到城经历了一个从生存理性向社会理性的转变过程；还有学者指出，农民进城务工不仅仅是制度安排，也不只是个体追求利益最大化的无目的的理性选择，而是一种主体与结构二重性的过程，他们在转移和流动的过程中反思行动，调整自己的策略。但是"农民是否具有或能够具有追求效益最大化的经济理性"，这本身是学术界长期争议的一个问题。

（三）就业转型

在城镇化进程中，当农民离开了土地，不再从事农业生产时，他们的就业问题越来越多地受到关注。进城务工农民的就业是一个系统问题，我国的进城务工农民就业问题的研究自20世纪80年代伴随城镇化的加速而兴起，与西方发达国家比相对要晚，但具有后发优势，国外的许多理论、实践经验被我国学者的研究借鉴吸收。近年来，国内专家学者研究的成果观点集中在以下几方面：①从进城务工农民自身（受教育水平不高、就业能力不强等因素是最大的影响）的视角研究。学者多采用社会调查、访谈的形式，从个案实例的角度分析了当前进城务工农民问题的现状，并归纳出进城务工农民就业困难的种种成因。这些成因主要有农民自身观念相对落后；与市民身份相适应的教育缺失；缺少必备的工作技能；整个群体孤立无序，缺少必要的社会联系。②从进城务工农民就业外部环境不完善（社会就业保障体系）的研究视角。杨晓东和王利平（2008）指出，进城务工农民因缺乏就业技能可能会导致结构性失业问题的产生，就业成本是导致就业危机加深的重要因素，并认为征地补偿方式和制度缺陷是进城务工农民无法就业的主要原因，解决这一问题在于适应市场经济发展要求，能够构建进城务工农民合法权益的长效保障机制。③从城市劳动力市场需求的研究视角。沈关宝和王慧博（2006）提出政府与企业在进城务工农民就业方面起着越来越重要的作用，从单一的土地改革、土地交易、进城务工农民转向关注弱势群体的合法利益系统研究；韩爱农（2005）在农民就业的现状中发现就业安置暂时性、短期问题，实际效果具有不可持续性，城乡就业市场实施两种不同的就业制度，城镇就业政策是为了解决城镇市民就业，在进城务工农民转变为城镇居民时，与当前就业政策体系脱节，采取设立进城务工农民就业保障金，可以有效实现远期就业保障和短期内的经济补偿的相互衔接。

三、县域城镇化过程中的"三农"问题研究

目前，普遍认同的一种观点是：城镇化的本质是非农经济集聚和增长、农村人口的非农化、农村人口的集中和向城市生活方式的转变。由于传统农区在工业化城镇化进程中所表现出的滞后性。这类区域也是我国城乡"二元"结构矛盾和"三农"问题最为突出的地区。传统农区城镇化与上述概念就没有什么本质区别，唯一特殊的便是以农业、农村、农民为研究的主视角，强调了农业、农村、农民在城镇化中的主体地位。

从农业角度看，在农区城镇化的建设中，要高度重视农业现代化的进程。多数学者认为：要通过发展从现代化高效农业研发、种植、精深加工，到产品市场价值的提升，使农业由农民种植转为企业化种植与精深加工，变农户种植为现代化大规模种植，变农村为新型城镇，变农民为产业工人。要探索出企业与资本共同推动农业产业化发展新模式，将土地视为一种资本投入要素，推动新型城镇化发展。

从农村角度看，当前的新农村理论流派众多，但是主要有六种观点：林毅夫（2007）寄希望通过新农村建设来扩大内需，建设社会主义新农村目标、重点与政策研究课题组和温铁军（2009）重视农民合作组织，贺雪峰（2010）重视基层组织与文化建设的思路，陈锡文（2002）关注农民增收和农村经济发展，韩俊（2013）

重视"输血""反哺"，华生（2006）和刘福垣（2006）则主张以城市带动乡村，带动新农村建设。在对具体区域的统筹城乡发展实践的研究中，王小琪（2013）提出通过产业反哺、社会事业反哺、基础设施反哺、社会保障制度反哺和生态环境反哺来推进城乡统筹发展，从创新财政支农机制和社会资本支农机制、推进农村综合改革、推进农村市场建设、推进城镇化的进程等角度来构建城乡统筹支撑体系。刘从政（2009）、阎星等（2011）等对统筹城乡发展的支撑体系进行研究。郭翔宇（2004）从资源配置机制、制度创新机制、投入机制、法律保障机制等方面，并结合宏观协调机制对统筹城乡发展的机制进行研究。还有学者从系统的体系规划、改善农村公共基础设施、突出县域平台建设、发展农村社会福利事业等方面阐述了浙江省统筹城乡发展的建设机制。

从农民角度看，农民转变为工人，并不意味着农民一定要离开第一产业，向与农业没有直接联系的第二、第三产业转移；农民转变为市民也并不意味着农民一定要离开农村进入大中城市才算实现城市化。对传统农业区来说，通过现代农业起步带动农村经济发展，可以使农民既不离乡也不离土，凭借农业优势实现现代化大生产；在农村经济发展的基础上，通过政府加大对公共事业的投入，实现农村就地城市化。这种城市化方式，要比放弃传统农业优势、通过征地夺去农民的土地、去发展与农业没有直接联系的第二产业要积极稳妥得多。从国家宏观战略来说，以农业现代化带动传统农业区实现就地城市化意义重大。这种模式促进了现代农业科技发展，使农业成为高效产业；确保了粮食生产和国家粮食安全；改造了传统农民，造就现代农业产业工人；就地吸纳了农村剩余劳动力，解决农民就业问题。

通过以上梳理，当前学术界虽然已经出现了研究新型城镇化理论的热潮，且有不少新见解和新思想。但是由于中国城镇化发展正进入一个新旧观念、新旧道路和新旧模式转换的关键的十字路口，不仅从理论和实际的结合上要求研究更加全面和深入，而且各地新型城镇化发展迅速，不断有新的问题提出来，要求我们去关注和思考，如新型城镇化的路径演变问题、城镇化与"三农"问题、传统农区城镇化问题、城镇化与公平正义、城镇化与生态环保等关系的研究还不够深入。这就要求既要保证传统农区及弱势群体在城镇化过程中的权益，又要解释中国新型城镇化，尤其是城镇化发展的现状、特点及趋势。特别是"农区"这一典型区域城镇化进程中出现的一系列问题及其解决方案，如何更加符合实际和具有可操作性将是未来研究的重点，还需要进一步的深化和努力。

第二节　县域城镇化——传统农区跨越发展的重大战略

一、县域城镇化是新型城镇化的内在要求

科学合理的城镇体系是城镇化推进的前提和保障。中华人民共和国成立至今，根据城镇体系在不同时期的政策总基调，我国城镇体系的政策演变可划分为三个阶段：第一阶段是 1949～2000 年，政策基调是"限制大城市鼓励小城镇"，其中改革开放前的政策着力点是"国家项目落地、抑制人口转移"，改革开放后的政策着力点是"乡镇企业集中，促进人口转移"，其中十五届三中全会提出"小城镇、大战略"。第二阶段是 2000～2007 年，为大中小城市协调发展阶段，不再一味地限制大城市发展，其中十五届五中全会提出"要走出一条符合国情、大中小城市和小城镇协调发展的城镇化道路"。第三阶段是 2007 年至今，为"城市群"发展阶段，"城市群"在政策中的表述不断强化，重要性也不断拔高。

城市群是新型城镇化的主体形态。《国家新型城镇化规划（2014—2020 年）》的出台，将"城市群"放到更加重要的战略地位，指出以城市群为主体形态，推动大中小城市和小城镇协调发展。"城市群"是大中小城市协调发展的深化和丰富，城市群内部有特大城市，有中小城市，也有小城镇，一般而言特大城市有 1～2 个，中等城市有 4～5 个，小城市或小城镇有若干，从而由大中小城市共同组成一个完整的城市群。一是从产业分工的角度，城市群内部的大城市侧重发展高端生产服务业和高精尖装备制造业，中小城市侧重发展低端、配套的生活服务业和制造业，小城镇侧重发展针对农产品的加工企业、服务农业的社会化企业、面向农民的生活服务业等。二是从基础设施的角度，在一个城市群内部，大力建设和发展高速的交通网络和通信网络，最终实现城市群内部基础设施和通信网络一体化，降低城市群内部企业合作的交易成本，消除城市群内部人员流动的政策障碍，以城市群为主体提高市场竞争力。三是从破解"城市病"的角度，对大城市，通过发展"城市群"可以转移低端产业或附加值较低的低端产业环节，实现产业升级改造和经济发展方式的转变，缓解"大城市病"；对中小城市，通过发展"城市群"可以承接大城市转移的产业，解决中小城市产业支撑能力弱的问题，提升中小城市的人口吸纳能力，冲破服务业发展的最小规模门槛，从而促进中小城市健康发展。

县域城镇化是现代城镇体系发展的重点之一。总体上我国城镇体系处于发展调整阶段，《国家新型城镇化规划（2014—2020 年）》指出，城镇空间分布和规模

结构不合理，中小城市集聚产业和人口不足，潜力没有得到充分发挥。一是从数量结构看，2012 年，我国有较大城市 52 个，其中包括 4 个直辖市、5 个计划单列市、27 个省会城市、享有立法权的 16 个较大城市，265 个中等城市（地级市）（地级市总数扣除 16 个较大地级市和 4 个人口 20 万以下的地级市），372 个小城市（县级市）（368 个县级市和 4 个人口 20 万以下的地级市），19 881 个小城镇（城关镇 1570 个，建制镇 18 311 个），大城市、中等城市、小城市及小城镇比例为 1∶5∶7∶382，如果将城关镇视为小城市，那么大城市、中等城市、小城市及小城镇比例为 1∶5∶37∶352，与世界发达国家城镇体系 1∶10∶100∶1000 的金字塔结构相比，我国城镇体系结构明显呈现"大城市较多、中小城市及小城镇较少"的特点。二是从规模结构看，2010~2012 年，我国地级及以上城市由 262 个增加到 289 个，其中市辖区人口 400 万人的地级及以上城市数由 8 个增加到 14 个，200 万~400 万人的城市数由 12 个增加到 31 个，100 万~200 万人的城市数由 70 个增加到 82 个，50 万~100 万人的城市数由 103 个增加到 108 个，20 万~50 万人的城市数由 66 个减少到 50 个，20 万人以下的城市数由 3 个增加到 4 个。由此可以看出，20 万~50 万人的中小城市数量明显下降，从而造成"20 万~50 万人的城市塌陷"。在集聚经济影响下，我国大城市集聚能力较强，小城市发展相对缓慢，人口吸纳能力有待增强。随着《国家新型城镇化规划（2014—2020 年）》出台，对特大城市的规模控制和中小城市、小城镇的重点支持，把加快发展中小城市作为优化城镇规模结构的主攻方向，有重点地发展小城镇，推动小城镇发展与疏解大城市中心城区功能相结合，与特色产业发展相结合，与服务"三农"相结合，使县域内人口流动日益成为未来人口流动的主要模式，即推进县域就地城镇化发展成为新型城镇化的重要路径。

二、县域城镇化是传统农区推进新型城镇化的基本路径

县域是统筹城乡发展的重要平台。推动县域就地城镇化发展，统筹推进农民工市民化、农业规模化和新农村建设，不仅实现农业转移人口顺利融入城镇，这样的发展模式使得资源不至于过高地集中于少数地区，农村人口能够享受城镇化的公共服务，有助于带动县城、小城镇和乡村的发展；而且在操作上比较容易，会缩短迁徙的距离，更容易实现社会稳定，对减轻人口长距离流动导致的农村问题也有重要意义。"就近城镇化"与"就地城镇化"的方式，更容易实现主动城镇化，避免被动城镇化。一是农民工市民化是最大的内需所在。我国城镇化率 2015 年为 56.1%，而按城镇户籍人口统计户籍城镇化率为 39.9%，不仅低于发达国家近 80% 的平均水平，也低于一些与我国发展阶段相近的发展中国家 60% 左右的平

均水平。联合国关于世界城市化展望的最新研究报告预计，中国城镇化从现在到2030 年还会保持一个较快的速度，届时城镇化率将提高到 65%～70%。未来较长一段时期我国城镇人口还将增加 3 亿人左右，相当于美国的人口总量。城镇化的过程是农民转为市民的过程，这意味着消费观念的更新和消费结构的升级，意味着巨大消费潜力的释放。2015 年我国城镇居民人均收入是农村居民人均收入的2.73 倍，人均消费是农村居民的 2.3 倍。如果一个农民真正成为城市居民，收入和消费将扩大到 3 倍以上。按照 2015 年城镇居民人均消费水平 21 392 元计算，增加的 3 亿城镇人口，扩大需求达 6.3 万亿元。二是农业规模化能提供最基本的供给。城镇化过程中农村富余劳动力向城镇转移，还意味着劳动生产率的提高，以及经济发展质量和效益的提升。与世界各国相比，我国农业土地生产率很高，但劳动生产率较低，虽然沿海发达省份面临这样那样的"用工荒"，但仅仅说明劳动力是结构性短缺，或者说农民就业是不充分的，必须通过城乡一体化、农村土地的流转形成规模化经营，通过提高农村劳动生产率减少农民数量。华南农业大学李琴主持的关于土地适度规模经营的课题组测算认为，如果按照家庭人均 2.5 个强劳动力计算，东北地区农户户均最优面积为 88～117 亩[①]，中部地区为 50～75 亩，东部地区为 40～48 亩。加快实现农业规模经营，提高机械化程度，推动种植作物一体化，打造品牌、创建渠道，不仅能有效减少人力、提高效率、降低成本，而且能解决农产品绿色安全生产问题，解决粮食安全的大难题，为民生福祉打牢最基础的供给。三是新农村建设是最大的民生。城镇化的过程也是新农村建设的过程，从农村人口转移、变化的形势出发，在村庄整治、土地整理等方面做一些工作，引导农民向城镇、中心村适度集中，不仅能够提高城乡建设用地效率，还可以为建材、家电、家居等提供巨大的需求，更重要的是改善农村生活生产环境，使农民过上城里人的生活，自来水、管道煤气、抽水马桶、现代化的厨房应有尽有，完全跟城镇居民一样生活，实现生活城镇化。

县域城镇化是传统农区最乡土的城镇化。广大农民渴望过上城里人的生活，是城镇化的根本动力所在。正如费孝通先生所讲的：中国社会是以血缘关系维系的乡土社会，"家"是维系乡土社会的基本纽带，也是维持社会稳定的基本单元。就传统农区的发展环境、发展阶段来看，县域城镇化既有利于快速健康地推进城镇化，推动传统农区加速向现代社会迈进，更有利于传统农区维持乡土社会的相对稳定性，保持传统文化和生活的延续性，推动现代生活和传统文明的和谐共生。一是传统农区正处于城镇化加速推进阶段。目前我国大城市人口承载能力已接近饱和，住房问题的不易解决，工作、生活成本的提高，使得只有少数农民工能够

---

① 1 亩≈666.67 平方米。

稳定留下来。县域恰恰相反，特别是随着中西部地区工业化的快速发展，城镇化发展将进入加速时期。一般认为，城镇化率在 50%～70%时，城镇化就进入一个减速推进时期。2015 年，我国的城镇化率达到 56.1%，整体上越过了拐点，进入由加速向减速转型推进的时期。东部地区城镇化率超过 60%，进入城镇化减速推进时期。相比较而言，目前中西部地区城镇化率尚未超过 50%的拐点，传统农区的县域城镇化率更低。可以预见，今后一段时间传统农区城镇化进程将会保持较高的速度。二是县域城镇化是容纳农民工"回流"的有效载体。传统农区经济经过 30 年的长足发展，具备了就地就业的基础，对农民工回流起到了较好的支撑作用；农区也经过 30 年的劳务输出，最先一批打工者已经有了很好的积累，有的已经成长为"老板"，返乡创业的日趋增多。在传统农区，呈现出外出务工和返乡回流并行的局面，"回流"的趋势越来越明显，这为推进县域城镇化提供了契机。根据河南省人力资源和社会保障厅公布的数据，2011 年农村劳动力省内转移 1268 万人，省外输出 1190 万人，省内转移就业人数首次超过省外；2015 年农村劳动力省内转移 1653 万人，省外输出 1161 万人，省内转移超过省外 492 万人。三是县域城镇化是推动农区经济发展的有效载体。现在我国 2.2 亿劳动力在种 18 亿亩耕地。2015 年农业劳动生产率只有第二、第三产业的 28%，而传统农区的劳动生产率更低，如 2015 年河南第二产业劳动生产率为 88 744 元/（年·人）、农业劳动生产率仅为 16 071 元/（年·人），农业劳动生产率只有第二产业的 18.1%。选择在家乡附近城镇化，家门口就业、家门口创业，既可以促进当地经济发展、社会进步，也可以通过持续推进农民工市民化、新农村建设和农业规模化，缩小城乡发展的差距、城乡居民收入的差距，从而大幅提高农业劳动生产率低下问题。四是县域城镇化是重构"乡土中国"、维系社会稳定的有效载体。截至目前，第一代农民工往往是在最有活力的年龄外出打工，而超过一定年龄的农民工，往往无法融入大城市，不得不返回家乡，将庞大的社会保障责任留给相对不发达地区，加重了社会和家庭负担。在县域内谋求城乡相接，一方面能有效解决困扰很多沿海企业的节日农民工返乡潮、春节用工难等问题；另一方面可以破解"离土离乡"难题，解决留守老人、留守儿童问题，也为重建以"家"为核心、以"血缘"为纽带的乡土中国提供了契机，有利于社会稳定和重构文化自信。

县域城镇化是传统农区最经济的城镇化。相较大中城市，传统农区县域城镇化水平不高，提升空间更大，发展成本更低，发展效益较大，是最大的潜力所在。一是县域城镇化发展空间更大。2015 年全国城镇化水平为 56.1%，而河南城镇化水平为 46.8%，作为传统农区典型的黄淮四市[①]，34 个县中有 21 个县城镇化率低

---

①　黄淮四市是指位于黄河以南、淮河流域的周口、驻马店、信阳、商丘四市。

于 36%，最低的县城镇化率仅 29.74%，加上农村劳动力进大中城市的阻力、稳定留下来的难度不断加大，推进县域新型城镇化、大幅提升县域城镇化率正当其时。二是县域城镇的融入成本更低。全国一线城市房价上升趋势未减，二线城市房价正在跟进，这对农民群众来说可谓压力山大。基本保持在 3000 元/米² 的县城房价，对农民转化为城镇居民显然阻力更小。如果组建住房合作社，让住户在城镇统一规划条件下自己建房，价格会更容易为老百姓接受。此外，相较大中城市而言，县域内城镇与乡村发展差距相对较小，联系更加紧密，乡情更加浓厚，也具有更直接带动农村发展的意义。三是县域城镇经济对接性更好。目前，尽管许多县城人口已达到小城市人口规模水平，但也只能算作是放大了的集镇，城镇户籍享受的社会福利相对较少，县域内农民转市民能较好对接。我国城乡居民人均可支配收入倍差虽在缩小，但绝对数仍在扩大，2015 年城镇与农村居民人均可支配收入差距达到 19 773 元。以河南黄淮四市的商丘为例，2015 年县城城镇居民人均可支配收入为 23 572 元，农民人均可支配收入为 8885 元，绝对数只相差 14 687 元。从这个角度看，县域内城乡差距显然较小，农民就近融入城市的基础较好。四是县域城镇化要素红利更丰。相较发达地区劳动力供给趋紧、工资水平不断上升的情况，县域具有相当大的劳动力价格优势，有些县域还拥有丰富的矿产和土地资源优势，对企业发展也具有极大吸引力，为县域加快新型城镇化提供了产业发展空间。对农业相关产业来说，比较效益更加突出，在接纳农村剩余劳动力的同时，也可有效提升县域农业现代化水平。

三、县域城镇化是破解城乡二元、避免落入中等收入陷阱的根本举措

世界银行在 2006 年《东亚经济发展报告》中提出了"中等收入陷阱"（middle income trap）的概念，基本含义是：一个经济体从中等收入向高收入迈进的过程中，既不能重复又难以摆脱以往由低收入进入中等收入的发展模式，很容易出现经济增长的停滞和徘徊，人均国民收入难以突破 1.2 万美元。进入这个时期，经济快速发展积累的矛盾集中爆发，原有的增长机制和发展模式无法有效应对由此形成的系统性风险，经济增长容易出现大幅波动或陷入停滞。中等收入国家向高收入国家进发的过程中，一个重要的驱动因素就是城镇化，这也是由城乡二元结构转变的过程决定的，目前大家的共识是，城镇化是破解城乡二元结构、避免落入中等收入陷阱的重大举措。2015 年我国的人均 GDP 已经达到 8166 美元，人均GDP 再增加 4000 美元左右，就能够进入高收入国家行列。剩下最后一个大台阶，能不能迈上去？根据世界银行专家的统计，第二次世界大战后 116 个发展中国家

和地区中，只有 15 个国家和地区真正实现从上中等收入向高收入跨越；从贫困到温饱再到所谓小康再到高收入的全过程跨越的国家和地区只有两个，即韩国和中国台湾地区。研究表明，世界上所有落入中等收入陷阱和进入高收入的国家，一个共同的重要因素就是：凡是进入高收入国家行列的，都成功地解决了城乡二元结构的问题，第一产业跟第二、第三产业的劳动生产率大体拉平，农民的收入跟市民的收入大体拉平，如韩国、日本和中国台湾地区。而落入中等收入陷阱的拉美国家，如巴西、墨西哥，还有南亚的印度，都是繁华的都市、落后的农村并存，没有解决好城乡二元结构问题。所以，中国城镇化的核心问题是要解决城乡二元的问题，加快农业转移人口市民化，同时大力推进新农村建设、农业规模化与新型城镇化建设同步发展。

　　当前，我国经济已进入由高速增长向中速增长的新常态，面临着需求下降与产能过剩"碰头"的矛盾叠加期，转型升级、高质量发展迫在眉睫、刻不容缓。在这样一个大背景下，作为我国的传统农区，解决城乡二元、加快经济转型、强化社会创新的任务刻不容缓，同时在人口、区位、资源等方面的优势凸显，面临诸多难得机遇，可以说是挑战与机遇同在。解决好了，为全面建成小康社会、加快现代化进程提供持续发展的动力；解决不好，陷入"中等发达国家陷阱"。机遇主要包括三点：一是承接产业转移、壮大经济规模的机遇。随着东部地区劳动力资源、原材料资源等生产成本的上升，东部沿海地区产业加速转型升级，劳动密集型产业开始向中西部人口集中地区转移。因此，各地都在抢抓承接产业转移机遇，有效发挥比较优势，做大特色主导产业规模，使自己加速融入全国乃至全球价值链和分工体系中，从而推动实现经济的跨越式发展。二是挖掘人口红利、破除城乡二元结构的机遇。随着我国人口老龄化进程的不断加快和劳动力成本的持续上升，刘易斯拐点在我国已经出现，我国传统劳动力所能够带来的人口红利在日益减小。传统农区是人口密集区，挖掘人口红利，一方面可以通过促进农业生产率的提高实现不断解放人力资源；另一方面可以通过不断提升人的素质来有效提高劳动生产率，推动人口红利的持续释放，为粮食主产区提供整体发展的不竭动力。三是扩大资源和市场优势、打造新的经济增长极的机遇。通过内部挖潜，进一步解决土地制约。同时，庞大的人口本身也是一个巨大的市场，在外需不足的情况下，挖掘农区市场潜力可以促进生产和消费的良性循环。我国 30 多年的经济高速增长奠定了雄厚的物质基础，而解决未来 10 年我国持续增长的动力在于解决好"三农"问题，在于农民工市民化、新农村建设、农业现代化。加速以产业动力、"三农"视角的县域新型城镇化进程，解决好传统农区发展的动力、活力和机制、政策问题，这里既有解决城乡差距、消除二元结构的倒逼机制，也是工业反哺农业、城市反哺农村、加速城乡一体化进程的实际需求。这就需要通过推进新型城镇化,与经济发展形成良性互动,以城镇化率的提升转移剩余劳动力,以经济发展创造更多的非农就业机会,以工业化城镇化协同发展加快现代化进程;通过县域就地城镇化推动实施农村振兴战略,统筹推进农民工市民化、新农村建设和农业规模化,实施农村振兴工程,破解"三农"这个最艰巨最繁重的任务,力争到建党 100 年前后,人均 GDP 达到 12 000 美元,跨越中等收入这个区间,进入高收入国家行列。

第三节　分类推进县域城镇化——因地制宜的科学施策

关于城镇化道路的研究,学者做了很多富有成效的研究,总结出了许多城镇化发展模式和发展道路。从城镇化的落脚或者从城镇化的载体来说,就有四种不同的模式,小城镇化、中等城市化、大城市化和城市群,如费孝通先生主张通过小城镇实现农村和农民城镇化。从城镇化的时序来说,也有四种模式,同步城镇化模式、过度城镇化模式、滞后城镇化模式和逆城镇化模式。从城镇化的主导力量来看,分为政府主导型和市场主导型,拉美模式属于政府主导型城镇化,欧美模式则属于市场主导型城镇化。

笔者认为,无论哪种模式、道路,都应围绕农民工市民化这一核心任务,坚持以产业为基、就业为本,激发县域就地城镇化的强大动力,努力实现三大转型:一是就业转型,也就是生产方式的转变,这不仅是指从农业生产转为工业、服务业等非农产业,也包括农业本身从传统的自然经济、小农经营方式转变为现代产业运营方式;二是市民化转型,也就是生活方式的转变,推动农民、农民工及广大农村的生活方式城市化、市民化,形成现代文明的生活方式与生活理念,包括将现代文明的生活方式引入新农村的建设之中;三是空间转型,也就是居住方式的社区化、城镇化,向城市居住方式转变,推动城乡要素一体的转变,以及一系列权利公平、机会公平、规则公平的社会体制、机制,进而统筹推进农民工市民化、农业规模化和新农村建设。近年来,我国城镇化进程不断加快,但也面临着产业和城镇各自盲目发展、没有形成协同合力等问题,导致一方面城镇没有产业支撑,另一方面产业没有高质量的城镇化基础支撑,由此出现一系列问题:一是难以持续创造更多的就业岗位和更好的发展机会;二是"土地城镇化"快于人口城镇化,建设用地粗放低效;三是尽管城镇人口总量上增加,但不同人群之间的分离程度也在增加,大量农业转移人口难以融入城市社会,市民化程度滞后,城镇内部出现新的二元矛盾。当人们的生存和发展无法得到保障和提升,就不会有意愿留下来为产业和城镇发展贡献一份力。

　　基于此，站在"三农"的视角，按照不同产业发展的动力机制，笔者将县域城镇化分为四种范式：乡镇工业推动型城镇化、龙头企业融合型城镇化、返乡创业带动型城镇化、产业转移拉动型城镇化。其中，乡镇工业推动型城镇化、龙头企业融合型城镇化是内生驱动，返乡创业带动型城镇化、产业转移拉动型城镇化是外生驱动，本书选取动力机制、农民工进城程度等方面进行分析，重点分析在不同的动力机制下政府和市场作用的机理，落脚点放在农民工市民化的就业转型、市民化转型、空间转型上。由于动力机制及四种模式下政府和市场作用的机理不同，这四种模式在推动农民工就业转型、市民化转型、空间转型等方面具有不同特点和路径（图 1-3 和表 1-1）。

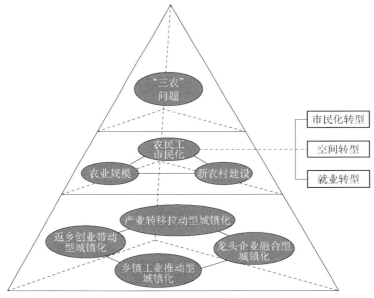

图 1-3　综合理论分析框架

表 1-1　四种范式县域城镇化比较分析

类型	名称	主导力量	动力机制	核心载体	推进方式	农民工进城度	发生区位	规模特征
内力驱动	乡镇工业推动型城镇化	地方政府	工业化先行	农村社区+政府规划	自上而下	空间转型+身份城镇化	城镇近郊、特定区域	整体
	龙头企业融合型城镇化	农业龙头企业	龙头企业	龙头企业+农业规模化	自下而上	就业转型+生活城镇化	城镇、乡村	整体、碎片
外力驱动	返乡创业带动型城镇化	外出打工者	返乡创业	能人创业+带动就业	自下而上	市民化转型+身份城镇化	城镇、乡村	碎片
	产业转移拉动型城镇化	转移企业+地方政府	产业转移	转移企业+产业集聚	自上而下	就业转型+身份城镇化	产城融合	整体

一、乡镇工业推动型城镇化

乡镇工业推动型城镇化适用于工业化基础较好的地区，属于产业先行、充分就业基础上的农村新型社区建设。近年来，一些工业化基础较好的县域，把新型农村社区作为统筹城乡发展的结合点，如河南的长垣、舞钢等地。

从推进模式看，乡镇工业推动型城镇化属于内力驱动的县域城镇化方式，即由政府主导和牵头，自上而下地行政化方式推进，大多情况下是由政府先行规划，通过拆村并点、让农民上楼，建设农村新型社区。

从动力机制看，主要是工业化推动，在产业发展较好的县域，由于产业快速健康发展和产业对劳动力的旺盛需求，产业发展既创造了财富，也创造了就业岗位。在这个前提下，从政府和市场的关系上看，主要依靠政府作用和积极引导，县级政府按照新型农村社区规划与城镇规划、土地规划、产业集聚区规划"四规合一"，按照城镇社区标准规划建设社区，一般做法是将若干个行政村整体整合为一个社区，一个社区人口数量达到几千人乃至上万人，注重功能提升，完善公共服务设施，推动生活方式改变。图1-4为乡镇工业推动型城镇化的动力机制。

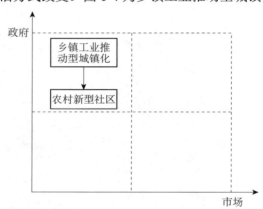

图1-4　乡镇工业推动型城镇化的动力机制

从农民工进城程度看，乡镇工业推动型城镇化主要是农民工的空间转型，由乡村居住方式向城镇居住方式转变，属于典型的身份城镇化。但农村新型社区要注重循序渐进，避免脱离产业支撑、脱离就业支撑盲目推进，避免在农村新型社区建设中存在的问题，一方面，虽然"身份城镇化"，但产业支撑不足，生产方式也没有改变，很多地方存在农民"被上楼"的情况；另一方面，也存在着土地拆旧复垦和增减挂钩指标使用困难，农民补贴不能及时到位，出现"建不起"；财政财力有限、跟不上，"补不起"；社区维护缺口大，"养不起"等不可持续等问题。

在农村新型社区建设中，要注重将农村土地集中起来进行规模化经营、农村宅基地置换与促进农村产业发展、解决农民就业、做好土地补偿等方面结合起来，并通过完善村庄规划，让农民过上现代文明的生活；如果处理不好，将会带来很多问题。图1-5为乡镇工业推动型城镇化农民工进城程度。

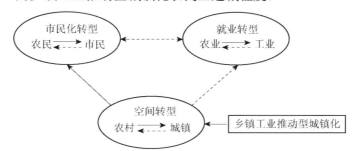

图1-5　乡镇工业推动型城镇化农民工进城程度

虚线代表弱连接、实线代表强连接，下同

从空间维度上看，对新型农村社区的推进，要依据各地的经济社会发展水平，充分考虑农民的承受力，重点从工业化程度较高的地区、从城镇近郊和特定区域渐次推进，尊重群众意愿，不搞强迫命令，不搞一哄而上、一刀切。对经济社会发达的全域城镇化地区、大中城市城中村和产业集聚内村庄，按照城市规划积极推进集中布局建设城市社区，变村庄为社区、变农民为市民，但社区建设要注重保持特色风貌、保留文化遗存；对中小城市和较大城镇近郊区，要根据产业发展和当地实际，因地制宜地推动村庄合并，统筹规划建设新型农村社区，推动土地适度规模经营，引导农民就地就业；对深山区、滩区和地质塌陷区、威胁区，结合国家政策实施整村搬迁，在县域周边围绕产业脱贫、就业移民，建设新型农村社区。而对经济社会发展基础薄弱的乡村，结合土地综合整治、农村危房改造，加强基础设施和公共服务设施建设，开展"美丽乡村"建设，不断改善生产生活条件。

二、龙头企业融合型城镇化

由于传统农区工业化城镇化过程的深入推进，依托农区的比较优势，培育了一大批围绕"农"字生产服务的骨干企业。龙头企业融合型城镇化主要体现在县域内农业骨干企业深耕"三农"、促进农业规模化产业化经营上，近年来传统农区骨干企业以三次产业融合的方式，已成为推进县域城镇化的重要力量，如河南鹤壁中鹤集团对浚县王庄镇3万亩土地的规模化经营，河南华英农业发展股份有限公司在信阳市潢川县建设200个华英养殖小区等。

从推进机制看，龙头企业融合型城镇化属于内力驱动的县域城镇化方式，即由龙头企业进行主导和牵头，自下而上带有较多的市场化方式进行推进，传统农区农业产业化龙头企业和食品工业以"公司+基地+农户""订单农业"的模式，通过带动农业规模化生产、推动农村以工业的方式发展农业，开展连片规模生产，建设绿色食品基地，政府给予必要的支持和引导，但主要以农业龙头企业产业化为主力来有效带动农业规模化，把小城镇建设成为农副产品的加工和销售中心、农业产业化的信息和技术服务中心、农业生产的金融保险服务中心。

从动力机制看，龙头企业融合型城镇化是以龙头企业带动的农业规模化产业化经营，进而带动传统农区工业化和城镇化的路子。从政府和市场的关系上看，主要通过市场化的运作机制，以龙头带基地、基地联系农户的方式，将千家万户的分散经营与购销、加工企业黏合在一条主链上，涵盖农业产供销的全过程，包含龙头企业、基地、农户全方位的有机结合，具有区域化布局、专业化生产、一体化经营、企业化管理、社会化服务的突出特征。图 1-6 为龙头企业融合型城镇化的动力机制。

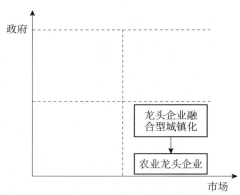

图 1-6　龙头企业融合型城镇化的动力机制

从农民工进城程度看，龙头企业融合型城镇化主要是农民工的就业转型，包括两种方式，一方面随着农业规模化经营，大量的农民被解放出来，他们开始从事第二产业和第三产业；另一方面，也有一小部分农民继续从事农业，但生产方式发生了转变，属于工业化的规模化生产，这种方式是值得提倡的生活城镇化方式。在此过程中也存在一些问题，由于农业是大投入、高风险的产业，龙头企业的实力、融资能力和可持续发展能力十分重要，土地的整治需要过程，农民工业化理念的培育需要时间，高水平人才获得的难度很大等，在这个链条上无论哪个环节稍有闪失，可以说对龙头企业都将是灾难，但现实中龙头企业一旦遇到困难，农业规模化、就地城镇化都将停滞，造成的影响不仅是经济，更重要的是社会和民生，所以还需要政府配合、政策引导和营造环境，企业和政府在此过程中，必须同心戮力，稍微不一致就可能出现问题。图 1-7 为龙头企业融合型城镇化农民工进城程度。

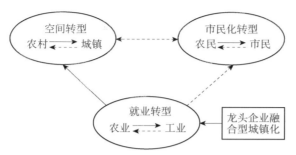

图 1-7　龙头企业融合型城镇化农民工进城程度

从空间维度上看，对龙头企业融合型城镇化的推进，从区域上讲可以在县域适宜地区扎实推进，但一个核心是龙头企业，另一个核心是农业种植的比较优势，两者要很好地结合起来，农业产业化经营模式的生产、加工、销售要有机结合，农业、工业、商业要一体化经营。前提是实现农业规模经营，在农业产业化生产中，通过产生规模经济和集聚经济效益，大规模、机械化、集约化生产，形成经营规模，有利于推广应用最新技术成果，提高土地利用率和劳动生产率，实现规模经营和集聚经济，进而有序推进新农村建设。同时，有效推动县域城镇化，农业现代化发展引发生产基地集中化，基地以工业化的生产手段推动务工农民生产方式的转变，进而推动生活方式的转变，加快整村建设新型社区的步伐，腾出土地持续投入规模经营，最终推动县域城镇化。龙头企业的工业化生产，需要推动加工工业和社会服务业的集中，推动农村劳动力向城镇转移去从事工业化生产，进一步推动就地城镇化，促进新型城镇化和农业现代化良性联动发展。

三、返乡创业带动型城镇化

农民工是我国快速工业化的生力军，是连接乡村与城市、农业文明与工业文明的桥梁，解决了农民工问题，就解决了我国工业化、城市化、现代化进程中的关键问题。作为全国人口和劳动力大省的河南，农村富余劳动力达 3200 万人，经过多年的外出务工，很多外出打工者有的已具有一定的积累、有的拥有一技之长，金融危机后沿海地区要素成本上升，省外农民工返乡创业骤然提速。固始、鹿邑等农区县在返乡创业方面走在了前列。

从推进机制看，返乡创业带动型城镇化属于外力驱动的县域城镇化方式，由人口迁徙、劳动力"回流"形成的民间动力，自下而上带有较多的市场化方式推进，政府给予必要的支持和引导。传统农区县域往往是外出务工大县，鼓励农民工返乡创业是一条符合我国工业化、现代化进程和农民工切身利益的出路。

从动力机制看,返乡创业带动型城镇化主要是传统农区劳务输出到一定阶段、由于生产力发展而自发需求促进的,农民工返乡创业带回来了先进的工业化生产理念、具有"一技之长"的产业。从政府和市场的关系上看,首先是农民工的自愿自发,乡土情结是重要推动因素。在改革开放至金融危机 30 年的时间跨度内,劳务输出成为劳动力大省、传统农区的典型特征,"孔雀东南飞",农民工、大学生等群体就业呈现单向流动态势,跳出农门到大中城市、沿海发达地区去务工、经商,解决温饱、寻求发展、自我实现。农民工在城市打工带来人口红利促进城市繁荣的同时,农民工也获得了大量的工资性收入,接受了工业化的洗礼,靠自己的勤劳与汗水改变了农村落后面貌,农民个人也获得了自我实现的机会,许多人通过经验积累和个人努力,实现从打工者向管理者或老板的嬗变。以金融危机为时间节点,随着沿海地区加工贸易增速回落、刚性用工需求减少,以及产业向中西部地区转移加速的态势,加之中国人固有的乡土情结,以及国家和各地出台的不少返乡创业的扶持政策,农民工选择在家乡找工作或创业的趋势不断增强。图 1-8 为返乡创业带动型城镇化的动力机制。

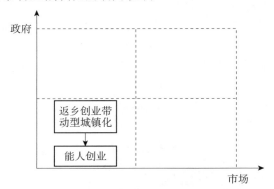

图 1-8　返乡创业带动型城镇化的动力机制

从农民工进城程度看,主要是农民工的市民化转型,但这种市民化转型是以最乡土的方式完成的,虽然是一种身体城镇化的方式,如引导得当,能尽快融入城镇实现生活城镇化。但在返乡创业过程中,也存在着市场信息不畅、缺乏较大额度后续资金支持、经营模式单一、营商环境不容乐观等问题,"回得来"但创业前景不明、创业环境不优,缺乏与之匹配的资源、市场和商机,也是让农民工不敢创业的重要原因。鼓励农民工返乡创业,关键在于政策扶持,包括支持"三农"的政策、促进就业的政策、鼓励创业的政策、开放城镇户口的政策、推进城镇化发展的政策、各种产业扶持政策等,均应当直接惠及返乡创业的农民工,加速农民工返乡直接融入本地工业化、城镇化进程，成为传统农区快速工业化、城镇化、农业现代化的重要力量。图 1-9 为返乡创业带动型城镇化农民工进城程度。

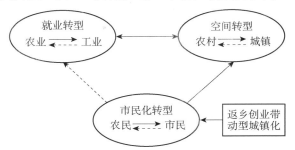

图 1-9　返乡创业带动型城镇化农民工进城程度

从空间维度上看，对返乡创业带动型的推进，从区域上讲，可以在县域适宜地区扎实推进，鼓励带有"一技之长"的能人反哺乡里、带动乡邻。伴随着产业转移和传统农区工业化进程的不断加快，农民工返乡创业可以达到一举多得的效果。一方面，通过返乡创业可以把人力资本、资金等资源引入本地，促进工业化向中西部扩散、向县域和乡镇延伸，弥补区域、城乡发展的短板，促进产业结构调整、适度规模经营、向现代农业转变，推动传统农区县域城镇化进程；另一方面，通过农民工或带有"一技之长"的能人返乡创业、创办实体，创业带动就业，开拓农民就近转移就业的新空间，重建家庭和谐，重构乡土中国，解决留守老人、留守儿童等社会问题，走出一条离土不离乡的创业之路。

四、产业转移拉动型城镇化

大国经济的特征之一就是各地区之间的异质性，梯次发展的特征十分明显。在新常态下，我国中西部省份纷纷把承接产业转移作为促进区域经济发展的战略举措，实践证明承接产业转移已成为加速传统农区工业化、城镇化进程的一条有效途径。在传统农区，附近县域往往具有较低的人力资源成本和较为广阔的市场优势，通过引进优质增量和推动产城融合实现工业化城镇化的跨越发展，如作为典型传统农区的河南民权、夏邑等都在不断创新招商模式、承接产业转移方面走在了前列。

从推进机制看，产业转移拉动型城镇化属于外力驱动的县域城镇化方式，由转移企业对产业输入地产业、经济形成拉动，政府积极引导，通过产业集聚区、产业园区，推动企业项目集中布局、产业集群发展、资源集约利用、功能集合构建，加快农村人口向城镇转移，推进产城融合。

从动力机制看，金融危机之后，由于内需市场的扩大和升级，以及用工、资源等综合成本的增加，大量以劳动密集型或兼具劳动技术密集型的企业为代表的、以消费品工业为重点的产业和企业，加速向中西部地区转移。而输入地政府依托规划建设的产业集聚区或专业园区，完善政策措施，针对沿海地区相关产业开展产业链定向招商，围绕县域主导产业集群式、链式承接，千方百计承接产业转移，打造特色鲜明的产业集聚区。从政府和市场的关系看，企业转移动力和政府承接转移动力，双重动力共同推动。从产城融合的角度看，企业迁入、产业转移会带来大量的就业岗位，产生人口吸纳效应，由于产业发展会催生大量的生产性服务业和现代服务业，产生人口吸纳效应；企业员工由于收入增加、条件改善和降低生活成本（交通、时间等）的需要，会选择就近安居，带来大量的派生需求，促进生活性服务业的发展，带来就业乘数效应，以工业化的快速推进，加快产城融合促进县域城镇化进程。图 1-10 为产业转移拉动型城镇化的动力机制。

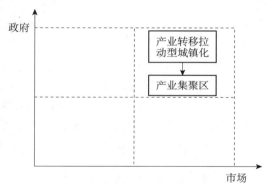

图 1-10　产业转移拉动型城镇化的动力机制

从农民工进城程度看，主要是农民工的就业转型，这种就业转型，一方面是以农民工"回流"的方式完成，另一方面则是通过挖掘当地的就业潜力（如"4050"人员[①]、留守人员）来完成的，明显带有政府引导的性质，虽然是一种身体城镇化的方式，如引导得当、加速产城融合，就能实现以产促城、产城融合的效应。但在产业转移推动城镇化的过程中，存在两个方面的问题：一方面是"产"，主要表现在重招商数量、轻招商质量，重单个项目招商、轻产业链招商，重优惠政策、轻产业培植，导致"产业转移陷阱""候鸟型漂移型产业（企业）"，无法形成具有自我发展能力的优势产业；另一方面是"城"，主要表现在重产业功能、轻城市功能，重硬件投入、轻软环境营造，重产业发展、轻生态

---

① "4050"人员是指处于劳动年龄段中女 40 岁以上、男 50 岁以上的，本人就业愿望迫切、但因自身就业条件较差、技能单一等原因，难以在劳动力市场竞争就业的劳动者。

环境，无法形成宜业、宜居，甚至宜游的城市生态。这不仅需要配套的基础设施支持，而且需要通过市场化运作形成集聚经济，通过以产促城、以城兴产、产城互动，加快传统农区工业化城镇化的跨越式发展。图 1-11 为产业转移拉动型城镇化农民工进城程度。

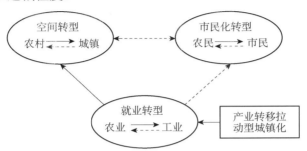

图 1-11　产业转移拉动型城镇化农民工进城程度

从空间维度上看，对产业转移拉动型的推进，从区域上讲可以通过制定相关规划，建设产业集聚区或专业园区，以产城融合的方式逐步推进。伴随着东部沿海地区和其他发达地区转移企业的集聚和务工人员的增加，产城融合需要发挥政府和市场的双重力量。作为政府，除加大招商引资、促进产业集聚、不断做大产业总量之外，一个重要问题是如何实现农业人口的非农化和市民化，促进就业、资源利用更加充分，挖掘潜在的剩余劳动力，这不仅是职业的转换，还涉及土地、户籍、社会保障等制度层面的问题，一定要全力加快解决，当前可以和教育资源、解决县域房地产库存结合起来，可以说农民工市民化是产业集聚的动力之源；另一个重要问题是需要建立功能配套投资体系，注重引进社会资本，用市场力量来配置商业、零售、酒店、餐饮等城市化功能，方便园区员工生活，加强园区生态建设，使园区的水更清、天更蓝、草更绿、人更美，创造宜业宜居的生态家园。

第二章 乡镇工业推动型城镇化： 长垣经验

第一节 引言

进入 21 世纪以来，一些经济较为发达的县级政府在探索新型城镇化发展过程中，结合地方发展实际，通过撤村并点、乡村合并等措施，开展了新型农村社区建设，由此形成以社区建设为主要路径的县域城镇化发展模式。农村新型社区隶属于县域就地城镇化的范畴，强调农民在农村的就地转化，是一种"离土不离乡"的发展模式，但其很大程度上是由政府推动的。现有的研究成果主要集中在以下几个方面：第一，农村社区建设和发展重要性的研究。甘信奎（2006）和戚学森（2008）都从研究社区建设背景的角度谈到了农村社区建设和发展的重要性。还有不少学者把新型农村社区和新农村建设联系了起来，认为新型农村社区建设是新农村建设的重要途径和内容（徐勇，2007）。第二，农村社区内涵研究。陈百明（2000）强调农村社区是一个地理和居住地概念；王霄（2007）认为农村社区是一个以自然村或行政村为主的社会生活共同体；徐勇（2007）认为农村社区的地理概念边界并不清晰，是地理位置上以村或镇为活动中心，生产方式上以从事农业活动为主的社会生活共同体。第三，农村社区建设路径研究。罗筱玉（2006）认为农村社区建设要在村党委和村委会的领导下进行；杨迅（2008）认为农村社区建设要参照城市的社区模型，引导农村向经济、社会、政治、文化"四位一体"的建设模型推进。陈百明（2000）则认为农村社区建设要体现农业现代化的特点。第四，农村社区建设模式研究。诸多的学者基于不同的案例，总结了多种农村社区的建设模型。居德里（2006）总结认为苏州的农村社区建设形成了拆迁安居型、融入城镇型、规模经营型、股份合作型、投资开发型、休闲景观型六种模式；陈小京（2008）将湖北省谷城县的农村社区建设模式总结为"一村一社区"； 武宗义（2008）将山东省的农村社区模式概括为"多村一社区""村庄合并社区""一村一社区"三种模式。第五，农村社区建设主体研究。农村社区建设是一个系统工程，多数学者认为政府在农村社区建设中有着至关重要的作用。刘继同（2004）

认为在农村社区建设的整个过程中，随着社区的建设应该由最开始的政府主导逐步演化为社区主导。冯钢（2002）则强调了法人团体在当代社区发展中的地位。

实际上，农村新型社区建设目前较为成功的还仅仅局限于较为发达的县域和乡镇地区，很多乡村地区伴随着乡镇企业的衰落、城镇化背景下乡村人口的流失及自身地理条件和发展基础的薄弱，尚不具备乡村就地裂变为城镇的可行性。为此，无论是在学术界还是在实践中，更多学者赞成把整个县域作为农民空间转移实现城镇化的最小地域单元进行考察，从而把农业转移人口在县域范围内向不同层级城镇或社区集聚的现象视为县域就地城镇化的过程。本书的主要目的是采用政策过程分析的方法，以河南长垣为案例，深入分析农村新型社区建设的整个过程。

第二节 长垣经验

一、长垣概况

长垣位于河南东北部，是典型的平原县。长垣辖 4 镇 13 乡，2015 年区域面积 1051 平方千米，总人口 86 万人。由于地处黄河"豆腐腰"地段，改革开放前，长垣是远近闻名的"四差"县。一是自然条件差。长垣属于黄河故道黄泛区，自然灾害频繁，十年九淹。二是资源条件差。地上无资源，地下没矿藏，只有贫瘠的土地。三是区位条件差。地处周边几个中心城市的边缘地带，交通、信息闭塞。四是经济条件差。基础设施非常落后，经济基础非常薄弱。

改革开放以来，地处粮食主产区的长垣坚持以经济建设为中心，解放思想，与时俱进，实施"民营经济立县、富县、强县"的战略，实现了全县经济的快速发展和社会各项事业的进步，先后发展起来烹饪、设备防腐蚀、起重机械制造等优势行业，长垣因此被命名为"中国厨师之乡""中国防腐蚀之都""中国起重机械名城"，尤其是近几年来，长垣城市建设快速发展，以农村新型社区建设为重点的县域城镇化探索突破，县城也被评定为国家级卫生县城、中国创意（中小）城市 50 强。在城镇化建设和民营经济发展方面走在了河南的前列，引起了中央有关部门和国内一些专家的广泛关注。长垣的发展现象被理论界誉为"长垣经验"。

二、长垣经验的基本范式

长垣经验（图 2-1）的成功与其独特的县域经济发展模式是分不开的。在城镇化建设过程中，长垣以发展民营经济为基础，以市场机制为导向，实现了经济发展的巨大进步。其带来的经济效益是推进长垣新型农村社区建设的基础与动力，从而使社区建设快速、高效、稳步地前进，给农民带来了巨大的好处。

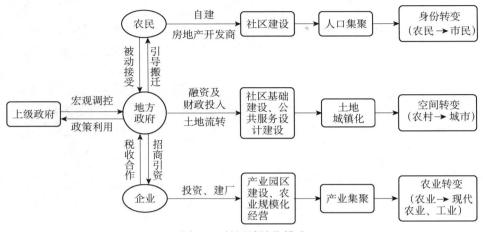

图 2-1　长垣城镇化模式

（一）长垣经验的基础——工业化

在改革开放初期，长垣在不利的客观条件下，"穷则思变"，20 世纪 80 年代初长垣人开始走南闯北做买卖。在历届执政者的有效支持下，长垣在 80 年代造就了一批乡镇企业、培养了一批民营企业家，这个家喻户晓的顺口溜就是最好证明："一把剪子培养出了一个卫材产业，一把锤子打造出了一个起重产业，一把刷子干出了一个防腐产业，一把瓦刀筑起了一个建筑产业，一把勺子香了一个厨师产业"。遵循着"外出打工—回乡创业—模仿扩散—产业集群"的工业化模式（图 2-2），长垣 2015 年发展民营企业近万家，壮大了特色装备制造、卫生材料及医疗器械两大主导产业，培育形成了汽车及零部件、防腐蚀及建筑新材料、健康产业等新兴产业，是全国最大的起重装备生产基地和重要的卫生材料生产基地；依托国家级研究院、区域性产业前沿科研院所，组建了"两院三所一中心"（华大基因研究院长垣分院、北京起重运输机械设计研究院河南分院、武汉理工大学长垣专用汽车研究所、中国防腐学会长垣防腐新材料研究所、深圳健康产业长垣研究所、省级高新技术创新创业服务中心），拥有博士后科研工作站 2 家，省级以上企业（工程）技术中心 31 家，国家级高新技术企业 28 家，高新技术产业增加值占规模以上工业增加值的比重达 84.3%，荣获中国驰名商标 10 件、中国名牌产品 1 个，驰名商标、著名商标数量均居河南全省县（市）第 1 位。

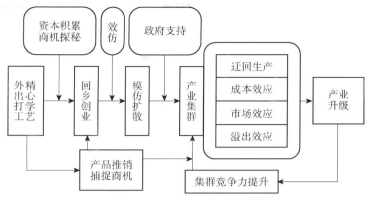

图 2-2　长垣产业发展模式

从长垣特殊的发展历程中可以看出，长垣的经济发展主要靠民营企业的发展。长垣经验，是一种具有现代化特征的民营企业运行模式。而民营经济的崛起，靠的是大批早期外出闯荡的"先知先觉者"。他们通过多年的外出打拼，积累了丰富的经验。在返回家乡后，以新的理念与管理方式来发展本地的特色产业，促进了县域经济的壮大。金融危机以来，长垣又以工业化的思维方式，公司化的管理、运营模式，发展农业规模经营。良好的工业化基础给长垣积累了财富，也给农民提供了充足的就业机会，提升了农民工市民化的资本积累和技能水平，为农村新型社区建设、推动县域城镇化提供了坚实基础。

（二）长垣经验的核心——农村新型社区建设

面对城乡差距大，资源薄弱，但是工业基础较好的现状，长垣按照"整合村庄、盘活土地、积蓄潜能、科学发展"的指导思想，确立了以整合村庄，建设农村新型社区为切入点，通过优化农村建设用地资源配置，优化农村一系列资源配置，实现新型城镇化引领工业化、农业现代化协调发展的总体思路。

通过村庄整合和拆旧复垦，将布局分散的农村建设用地置换出来，统一规划新型社区建设，并将多余的建设用地规划为产城融合区和产业集聚区，不仅盘活了农村现有的建设用地资源，也为第二、第三产业的发展提供了充足的用地资源。通过土地置换，还有效整合了基础设施、公共服务资源等，为城镇化的顺利推进打下了良好的基础保证。其中，教育设施的改善是大多农民的急切需求，按照"村庄整合，教育先行"的思路，在规划的新型社区周边合理布局了中小学校，有效引导了城镇化的实施。

社区住房建设主要采取两种模式：一种是由群众自建，另一种是成立社区建设投资公司，由公司统一建设，群众按成本价购房。新区建设中采取户型设计多样化和价格差异化的措施来满足农民不同的实际需求。

产城融合区和产业集聚区建设中，按照"环境保护、就业优先"的原则，长垣采取 BT、BOT①等多种方式吸引社会资金进行土地整理、基础设施和公共服务设施建设，招商引资促进项目建设，依托自身产业优势和资源优势，重点发展起重装备制造和生物制药产业，并同步推进产业发展与农民就业创业。

为了让社区关系和谐，属地政府牵头组建了新的服务管理机构，成立了社区党总支部和社区居民委员会，管理社区事务，服务社区居民；设立了综合服务中心，设置劳动保障、农业科技、合作医疗、民政、计划生育、流动人口、党员管理、公安 8 个窗口，为社区居民提供"一站式"服务；成立了物业公司，负责社区环境保洁、绿化养护、治安巡逻、监控值班、设施维修等任务，让入住社区群众真正感受到了社区的优美、安全、便利、舒适，过上和城里人一样的生活。

（三）长垣经验的保障——农业现代化与规模经营

农业是国民经济中一个重要的产业部门，是支撑国民经济建设与发展的基础。在农村新型社区建设中，当地政府把农业发展的重点放在引导群众土地流转，发展规模经营上。一方面加强对农业的投入，提高农业的现代化程度；另一方面改变土地经营体制和农产品流通体制，加快农业劳动力转移的步伐，发展农业规模经营，促进农业产业化、机械化。

1. 严格筛选种植大户

本着"有利于营造生态环境，有利于增加农民收入，有利于把农民从土地上解放出来"的原则，当地政府一方面大力推进土地流转，另一方面对种植大户进行严格的筛选，要求种植大户一是具有一定的资本积累，二是要有工业生产或者规模种植的相关经验。当地政府鼓励农民内部通过土地流转发展规模经营，引导村里能人、在外经商的返乡人员承包一定面积的土地，进行农业种植。据此标准，当地政府引进了一批涉农龙头企业，如长垣南蒲社区成立农业专业合作社 9 个，发展种植大户 7 个，建成了红提葡萄、芦笋、苗木花卉、油桃和食用菌种植等一批现代农业生产基地，截至 2015 年年底，土地流转面积超过 26 000 亩。

2. 创新种植大户与农民合作模式

如何在现有条件下解决农民种地付出多收入少的矛盾，当地政府尝试着改变目前一家一户分散种植的模式，引导规模化经营、村庄整合与产业发展相结合，

---

① BT 是"build-transfer"的缩写，意为"建设—移交"，是政府利用非政府资金来进行非经营性基础设施建设项目的一种融资模式；BOT 是"build—operate—transfer"的缩写，意为"建设—经营—转让"，是私营企业参与基础设施建设，向社会提供公共服务的一种方式。

以工促农。例如，当地政府引进河南省宏力集团公司，通过租赁的方式在鲁山村、东郭庄、西郭庄流转土地种植红提葡萄，2015 年租金为 500 千克小麦/（亩·年）或相当于当年小麦价格的钱款，每 6 亩地招收 1 名员工，工资每月 800～1200 元。土地流转使农民来自耕地的收入不但没有减少，还能额外拿到一份工资，既能使外出务工人员安心务工，又能使留在家里的劳动力就地务工，家庭收入在土地流转前后翻了一番。此外，为增加农民收入，把农民从土地上解放出来，长垣还大力发展现代农业，建设现代农业区，着力发展休闲、观光农业，逐步发展乡村旅游业，实现农业和旅游业协同发展。

通过种植大户的入户调研分析可以发现，农业规模经营者大多以工业化的思维来规范化、专业化地指导农业的生产、管理和销售等环节，大大提高了农业生产的效率，同时能够在市场销售中占据一定的规模和质量优势，能够保证农业规模经营的可持续性。

（四）长垣经验的路径——政府引导下的"三个转变"

在新型城镇化建设的大潮下，长垣由政府主导，通过教育、道路等基础设施的建设，首先实现了农民由农村向城市社区空间的转变；通过大力引进和发展产业，促进农业规模种植，实现了农民由农业生产向产业生产的转变；通过产业技能培训、就近就业，农民自身生产技能和生活方式也逐渐融入城市生产生活，实现了真正意义上的由农民向城市居民转变（图 2-3）。长垣县城镇化的过程可以分解为农民在空间的转变、农民身份向市民身份的转变、农民由农业生产向城市生产的转变，其中涉及政府、企业、农民"三个主体"的共同参与协同，政府代表制度因素对就地城镇化起作用，通过农村新型社区促进空间转型；企业是市场经

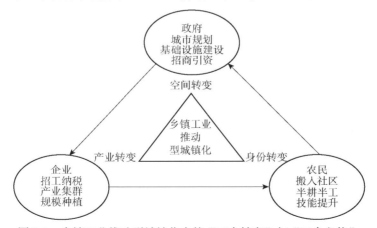

图 2-3　乡镇工业推动型城镇化中的"三个转变"与"三个主体"

济的行为主体，通过发展产业促进就业转型；而农民通过生产生活的转变等，促进市民化转型。基于此，本部分试图解析"三个主体"在长垣城镇化进程中的"三个转变"。

1. 空间转变

居住环境。社区环境干净卫生，用地结构丰富、系统。公共设施、居住、市政设施、绿化、交通设施等用地规划明确、规整。规划改变了以前村落散落、无序分布的特点，整合居住用地，节约土地、空间。此外，其他用地如公共设施用地增加，说明农民对生活有了新的需求，除了满足物资需求，开始向精神需求迈进。但也有其不足之处。例如，绿化景观方面，传统农村，乡土景观气息浓厚、视野开阔，绿化景观有其得天独厚的自然条件和地理优势，比较丰富；现代社区，绿化景观单调，城市化效果明显，景观层级不够突出，不具备农村本应具备的景观特色。林带绿化方面，传统农村，树林环绕村庄，或者隔离村庄与工厂的边界；农村社区，直接与耕地相接，景观效果上缺乏层次过渡性和生态性。建议农村社区的景观规划遵循"因地制宜、合理布局、随形就势"的原则，营造"庭院花木点缀，大街绿化成景，小街植树增绿"的优美景观体系。

耕地变化。社区中农民的耕地均有一定的变化，分为耕地部分减少、耕地减少较多、剩余少量耕地和无耕地几种情况。耕地减少主要是因为村里老宅基地还未复垦，社区建设又占用部分耕地。因此，大部分农民的耕地有少量减少。村里工业发展较好的，部分农民将自家耕地租给企业，建设厂房，其耕地所剩无几。

交往方式。①交往地点：传统交往地点——道路交叉口、家门口、树下。社区——商店门口、运动场、公共绿地、社区公共活动中心。由于社区交往活动趋于多样化，居民的交往活动一般会选择在社区公共活动中心，因为那里有一定的活动人群和休闲设施，方便居民交流。②交往目的：由于搬入社区工作生活环境的变化，由原来的闲聊日常琐事，变为相互之间学习交往活动，表现为同一工厂的员工相互交流工作经验等，这也表明了农民的自身价值正在提升。

为了更进一步地了解农民对新型城镇化建设的想法，听取农民对社区搬迁的意愿，课题组对长垣南蒲社区的居民进行了随机采访。采访发现，南蒲社区居民工作状况的变化具有一定的倾向性，即生产主体发生了变化。社区里大部分都是老年人及带孩子的年轻妇女，青壮年大多外出工作，如在附近工厂打工，其收入成为家里主要的经济来源。这说明了社区家庭构成复合化的必要性。调查还发现，年龄、技能和学历是影响居民就业的主要因素。老年人因年龄较大，除了种地缺乏其他工作技能，而且接受新鲜事物的能力有限，传统的价值观念致使其对土地有较强的依赖性。大多选择在家务农或者随子女搬入社区照看孙儿。

2. 产业转变

产业对县域城镇化发展有着至关重要的作用，长垣县域经济从乡镇企业起家、以民营经济为主体，现已形成起重机械、医疗器械、建筑、防腐、烹饪、绿色食品、苗木花卉等特色产业，建有起重机械、医疗器械、商贸轻工、新城工业四个产业聚集区或产业园区。产业集群发育越好的区域，其经济越活跃，经济发展为县域城镇化提供了坚实的经济基础。走以中小企业和民营经济为主体的产业集群道路，是长垣产业发展的成功模式，历经数年的探索与发展，长垣从一个典型的农业大县，成功转变成一个具有产业集群规模的经济强县，使长垣一跃成为河南经济发展的"排头兵"。医疗器械行业是长垣工业经济发展的优势特色产业，该行业主要分布在县城北部的丁栾、张三寨、满村、城关、佘家 5 乡镇；起重装备制造业起步于 20 世纪 80 年代，30 多年来得到快速发展，现已呈现出典型的产业集群特点，该集群地域分布在魏庄镇、恼里镇、南蒲、蒲西、蒲东办事处等地区，成为全国影响较大、整体实力较强的起重装备制造特色产业集群；防腐建筑行业主要分布在佘家、芦岗、苗寨、武邱等乡（镇）；绿色农业主要分布在芦岗、苗寨、总管、武邱等乡（镇）；农产品种植、农产品加工业主要分布在常村、樊相、方里、佘家、张寨等乡（镇）。此外，长垣产业发展还保持与时俱进，开拓创新的理念，紧跟时代科技的前沿，不断发展引进创新产业、高科技产业。2015 年 9 月，华大基因研究院长垣分院揭牌暨华大小米开镰仪式在长垣举行。长垣分院是华大基因研究院在我国县级城市设立的第一个分院，将承接华大基因研究院的前沿科技成果，在长垣及周边区域搞产业化转化，主要涉及农业、医学、健康等领域，这对长垣的产业发展和华大基因研究院的战略布局都有着深远的意义。

3. 身份转变

农民搬入社区后，由农民变市民，随着个人身份的转变，一些相应的问题也发生了改变。

工作状况。传统农村农民多以务农为主，入住社区后，务农人群减少，但仍占较大比重。特别是老年人，对土地仍有较大依赖。农民的非农化趋势明显，主要是因为长垣起重、医疗器械、防腐工业的快速发展，社区附近工厂繁多，工厂职工人数较多，一定程度上缓解了农民就业压力。以南蒲为例，社区建成后，引进多家企业入驻，吸收大量本村及周围村庄的劳动力，使农民可以在家门口就业，一定程度上解决了农民入驻社区后对收入来源的担忧。经济来源上，由传统农村以农业收入为主，农业之外的收入为辅（如畜牧养殖业等），转变为农村社区的就近务工为主，农业收入为辅。

生活方式。①闲暇时间的变化：传统农村闲暇时间出现两个极端，主要与其生产方式有关。由于农业耕种的闲忙时间不确定导致农民很难有相应的闲暇时间,即使有也是进行其他生产衍生活动,很少进行休闲活动。搬入社区后,生产方式得到转变,农民生活的规律性及闲暇时间增加,丰富了农民的居住生活。闲暇活动在原来的聊天、打牌、看电视的基础上,增加了健身、散步、逛街、唱歌等多样化的休闲活动。休闲活动的增多,表明农民在精神追求方面有更多的需求。②群体生活方式的变化:如市场活动。社区内部及外围的沿街商铺解决了日常生活用品的需求,生活大物件一般去县里购买,少了原来农村的赶集或赶会活动。表明社区服务设施给农民生活带来了便捷。但是传统农村悠久的民俗文化正在消失。③交往人群的变化:交往对象,由原来邻里亲戚逐渐向相同职业收入的人群过渡。随着社会的进步和收入水平的变化,如现代的大城市社区一样,居住在社区的农民之间形成了一定的阶级分化,传统农村平等交流的意识随着分化的形成在慢慢流失。家庭之间,由于主要劳动力外出务工,留在家里的主要是妇女、儿童和老人,他们之间存在一定的代沟,交流较少。相同职业人群之间的交往有所增加,因为他们相互有更多的接触机会和交流话题,如在家照顾孩子的妇女、沿街商业个体户及同一工厂打工的社区居民等。

经济支出。传统农村,经济支出以生活费为主,此外还有教育经费、医疗费和社会交往费,如走亲戚、随份子等。住房开支主要是为子女结婚置办家业。除大型农用机械、建房等一些重大支出之外,家庭支出一般也不是太高,因为一大部分的支出是可以省去的,如粮食蔬菜自给自足,用水自家打井,燃料用农业秸秆、柴火等。而在农村社区,经济支出增加,住在城市,什么都得靠买。还有每月固定的水电费、燃气费、物业费等基础设施的消费(虽然调研的南蒲社区的居民暂时还不用交水电费、燃气费、物业费,但随着社区住宿的日益规范化,这些费用肯定还得交,政府不可能长期免费供应)。这些相对于之前传统农村额外的生活支出,增加了农民的生活成本,一些农民不免有抱怨的情绪。虽然家庭经济支出增加了,但收入也增加了,且足以满足日常生活的需求。

主体转变。传统农村由原来几乎所有农民均参与务农劳动,变为如今社区中只有少量农民参与务农活动,大部分农民进行了非农生产的转变。有效整合了农村浪费的建设用地,使农村居住空间集约化。大量农民的就业方式转变,大大促进了农业生产机械化。

第三节　南蒲社区案例

南蒲社区的建设是长垣经验的典范,是长垣经验的缩影与结晶。以南蒲社区作为切入点，对其进行分析探讨，有助于我们更好地了解地方政府主导的新型农村社区建设的模式与机制。

一、南蒲社区概况

南蒲街道是原来的张寨乡，2005 年撤乡改社区，毗邻县城南部，和县城一路之隔，原来是一个典型的农业大乡、工业弱乡、财政穷乡，经济社会发展和长垣县城存在着很大的差距。2005 年改社区时辖 37 个行政村，53 个自然村。多年来，由于投入不足，村内基础设施落后，最基本的水、电、路三项设施，除电力外，没有一个村通自来水，没有一个村有排水设施，有 16 个村不通柏油路或水泥路，村内路面硬化率低。由于基础设施差，村外垃圾围村，村内污水乱排、人畜共生，尤其一到夏天，旱厕湿臭，蚊蝇肆虐。原来张寨乡农民的居住环境，不是诗情画意般的田园牧歌，而是脏乱，"雨天一身泥，晴天一身灰"是其真实情况。

二、南蒲社区建设过程

（一）社区建设方案制定

落后的经济条件，贫困的生活状况，让原来张寨乡的农民普遍缺乏安全感与幸福感。空谈误事，实干兴业；临渊羡鱼，不如退而结网。面对城乡差距的客观现实，为了摆脱困窘落后的面貌，从 2005 年开始，南蒲街道办事处多次组织人员外出考察，到发展先进地区参观学习，如到山东聊城、济宁、菏泽，四川三圣花乡等地考察。总结后发现，虽然沿海发达地区通过工业化—城镇化—农业现代化的路径有效突破了瓶颈制约，但是在南蒲街道，尤其受当前国家最严厉的耕地保护政策等大环境的影响，很难复制这种发展模式。经过深入的论证，南蒲街道办事处结合自身现状和当前形势，认识到村庄整合是唯一可能的解决方案，通过村庄整合，建设新型农村社区，实现城乡公共基础配套服务设施均等化，同时整合后腾出的大量建设用地将为第二、第三产业发展提供巨大空间，通过发展第二、第三产业改变群众就业结构，大幅度增加政府财力和农民收入，从而以工业反哺农业，城市带动农村。最终，南蒲街道办事处确立了城镇化建设的思路：城镇化促进工业化，进而促进农业现代化。

南蒲街道办事处于 2007 年首先制定了村庄整合规划和产业发展规划。村庄规划将现有的 37 个行政村合并为 5 个新型农村社区。新社区占地面积 3480 亩，通过合并村庄共计可腾出 8520 亩土地，计划 3～5 年时间全部完成。产业规划将整个办事处划分为产城融合区、工业集聚区、现代农业区三大区域。按照融入县城，服务园区的思路，将北部定位为产城融合区，重点发展城建商贸；东部依托省起重工业园区定位为高新技术专业园区，重点发展新能源、新材料、生物制药和医疗器械、烹饪厨具产业；西南部依托王家潭自然湿地，定位为现代农业区，以土地流转为重点，大力发展休闲、观光农业，逐步发展乡村旅游业，实现农业和旅游业、农产品和旅游产品的对接，培育新的经济增长点。南蒲街道办事处请县国土部门调整了土地利用总体规划，将现有已废弃的砖瓦窑场、打谷场、工矿用地等调整至新规划社区位置，保证了社区部分用地，在此基础上编制了土地综合整治规划，为以上各项规划的实施创造了条件。

（二）社区建设措施

南蒲社区在建设初期，就遇到了来自政策层面的、地方政府层面的、社会舆论层面的各种问题，但最关键的是来自群众的顾虑。如果群众的利益满足不了、群众的顾虑消除不了、情绪理顺不了，积极性就调动不起来，一切想法都只能是一纸空谈。因此，确定下来总体思路之后，当地政府没有直接实施村庄整合，而是首先进行了相应的准备工作。

1. 及早谋划，夯实基础

一是教育先行。2004 年，当地政府在长垣全县率先完成了中小学布局调整，为村庄整合奠定了社会基础。二是农业先行。针对村庄整合后耕种不便的问题，当地政府强力推进土地流转，累计流转土地 20 000 亩；同时在社区周边规划建设了三个设施农业园，重点安置"4050"人员就业，为村庄整合奠定了产业基础。三是宣传先行。从 2005 年开始，当地政府先后组织党员干部群众 5000 余人次到山东新宼、四川三圣花乡等地参观感受土地流转、社区建设的成果，同时通过录制宣传光碟、印制漫画宣传手册、设置手机电话彩铃的方式，逐步转变群众传统的思想观念、居住观念和耕种理念，为村庄整合奠定了思想基础。四是规划先行。同步编制了区域空间发展规划、新型社区建设规划、产业集聚区规划和土地利用总体规划，四规合一、一体推进。五是试点先行。2008 年 4 月，把南蒲社区作为试点，启动了一期工程，年底实现了全部入住，为全面推开新型农村社区建设工作奠定了经验基础。

2. 创新举措，全面推进

南蒲社区一期规划先行、宣传先行，社区建设取得了初步成功，社区建设初步具备了加速推进的条件，但村庄整合绝不单单是建设社区，而是新型城镇化引领"三化"协调发展的切入点。"三化"协调发展是一项系统工程，必须做到社区建设、产业发展、耕地保护、改善民生统筹兼顾、协调推进。

（1）加速推进社区建设。试点的成功、群众的要求，坚定了当地政府全面推进社区建设的信心，当地政府于 2009 年 3 月启动了南蒲社区二期工程建设，4 月启动了西郭社区建设，5 月启动了陶行社区建设，8 月启动了阔寨社区建设，11 月启动了高店社区建设，规划的 5 个社区全部启动。

（2）同步推进产业发展与农民就业创业。"三化"协调发展必须以产业发展为支撑。坚持社区建设与产业发展相结合，在推进社区建设的同时，同步推进产城融合区、工业集聚区和现代农业区建设，促进农民就业创业。

（3）全面增强民生保障能力。民生问题是"三农"问题的核心问题，是解决"三农"问题的出发点和落脚点。当地政府把增强民生保障能力作为工作目标，从政府、集体、农民个人三个方面着手，采取以下措施：①加大政府投入。农民入住社区即可享受"七免费、四奖补"的优惠政策。②增加集体积累。一是老村腾出的土地仍归村集体所有，由集体统一经营，居住用地变为经营用地，集体有效资产规模快速增加；二是土地使用税返还。③增加农民收入。一是村庄整合完成后，所有群众都可享受老村庄集体土地资产经营分红；二是工业区群众土地被征用后，土地使用税的 21% 返还给被征地农民；三是失地农民每人分配 10 平方米标准厂房，产权属农民个人。

三、南蒲农村新型社区带动下的"三化协调"

（一）新型社区带动下的城镇化

依据乡区域空间发展规划、新型社区建设规划、产业集聚区规划和土地利用总体规划，南蒲街道办事处将 63 平方千米的区域规划为 5 个社区、1 个产业集聚区、1 个产城融合区和 1 个现代农业区。即现有的 53 个自然村合并为 5 个社区；通过合并村庄腾出 8520 亩建设用地，其中 6000 亩规划为 1 个工业集聚区，2520 亩规划为 1 个产城融合区，作为工业集聚区的服务区；其余部分全部规划为现代农业区。新型社区建设重点体现功能齐全和环境优先。功能齐全即每个社区除了保证基本的水、电、路、气、暖等基础设施外，都规划有小学、幼儿园、社区医院、社区服务中心、商场、文体广场等，为了解决老年人上楼不方便、几代人住在一起不习惯的问题，每个社区都规划有老年公寓，为了增进长幼亲情联系，老年公寓全部与小学、幼儿园、文体广场规划在一起，既方便老人照顾孙子，又方便父母接送孩子，促进老少同乐；环境优先即在规划规范要求的范围内，坚持低建筑密度、低容积率、高绿化率"两低一高"的原则，通过突出强调社区功能规划和环境规划，努力为群众打造一个功能齐全、生态宜居的生活环境。

（二）新型社区带动下的工业化

坚持社区建设与产业发展相结合，在推进社区建设的同时，同步推进产城融合区、产业集聚区建设，促进农民就业创业。

一是产城融合区建设。建好产城融合区既是实现长垣县委、县政府产城融合战略的需要，也是促进高新技术园区发展的服务平台，是南蒲"三化"协调发展的主要资金来源。当地政府采取 BT、BOT 等多种方式吸引社会资金进行土地整理、基础设施和公共服务设施建设，招商引资促进项目建设，至 2013 年年底，共出让土地 498 亩，收益 2.2 亿元。五洲五星级酒店、产业集聚区生活服务中心、建业森林半岛等项目相继落地。

二是产业集聚区建设。以建设"长垣产业新城"为目标，重点引进发展医疗器械和生物医药产业。驼人健康科技产业园、金鸿堂制药、辽宁金泰克可视喉镜、上海建中医疗器械、金鸿泰生物医药和研究院等一批重大项目已经入驻，当地政府还引进了 16 个投资超亿元项目，安置农民工 3800 多人，其中约 3000 人为在外返乡农民工。同时，当地政府还规划了一个占地 600 亩的农民创业园，2015 年已建成标准化厂房 8 万平方米，已入驻小型企业 65 家。

（三）新型社区带动下的农业现代化

南蒲街道办事处在南蒲、西郭、陶行三个社区规划建设了三个设施农业园，通过土地流转和建设设施农业园，使 3000 多名"4050"人员变成了农业职工，让不方便外出的大龄劳动力实现在家门口就近就业，仍然从事农业生产经营。

四、南蒲社区建设取得的成效

产业结构的优化，使南蒲街道办事处地方财政收入大幅度增加，由 2005 年的 448 万元增加到 2014 年的 11 087 万元。农民人均纯收入由"十五"末的 2810 元，增加到 2013 年的 11 300 元。随着社区、产城融合区、产业集聚区、现代农业区的建设，越来越多的农民不用再出外务工，越来越多的经济能人踊跃返乡创业。随着就业岗位的增加，以前无法外出务工年龄稍大的劳动力和女工也能在家门口找到一份务农之外的工作，农民的收入大幅度提高。

（一）居住环境、公共服务得到根本改善

社区水、电、路、气、暖、绿化、亮化配套完善，学校、医院、服务中心、超市、文体广场一应俱全，社区居民过上了环境优美、居住舒适、生活便利、安全文明、文体丰富的新生活。

（二）民生保障显著增强

一是农民建房支出大幅度减少，购房优惠政策大大减少了农民目前的建房支出；入住社区后的一系列免费、补贴、奖励政策，降低了农民的日常生活支出。二是收入明显增加。就业方式和就业结构的优化增加了农民的工资性收入，同时还有集体资产积累增加和经营收入，土地出租给种植园区所分的红利，以及少量的养殖收入和出租土地给工厂的租金收入，为农民构筑了稳固的民生保障线。

（三）"三农"问题得到积极破解

随着产业结构的优化，农民入住南蒲社区之前多以务农为主，入住社区之后，农民的工作状况发生了明显的改变，农民工作情况出现了多样性，并且逐步改变务农这一小农经济模式。这样就缓解了农民的就业压力和逐步实现了农业的规模化、现代化经营。

第四节 长垣经验中农村新型社区建设存在的问题

一、政府与市场的关系

长垣的发展是乡镇工业推动下农村新型社区建设模式，首先是长垣发达的乡镇工业，对土地集约、农民进城形成了强力的拉动，为农村新型社区建设创造了条件。其次，农村新型社区建设又加快了长垣城镇化发展进程，使当地居民实现了空间转变、产业转变、身份转变等一系列具有重大意义的变化，提升了长垣人民的经济水平与生活质量。但在这一模式中，政府主导的作用十分明显。地方政府负责开发区及新城的规划、征地、贷款、基础设施建设，推动招商引资，又通过迁移政府机关、动员相关人口迁移等方式聚集人气，同时通过经营城市、调整区划等方式继续加强新城的中心职能。城市建设过程带有明显的行政动员色彩，具有高投入、高速度的"工程"特征。课题组通过分析长垣南蒲社区的建设过程认为，这种完全靠政府主导、人口与资金投入建设起来的城镇化，在其发展过程中，也显现出了一些问题：政府通过户籍政策、土地政策、规划政策、投融资政策等强力干预人口向城市的集聚，以行政手段影响城市增长。"投资拉动经济"的传统城镇化发展路径仍在延续，也凸显了地方政府为提高政治业绩，大拆大建、强力推进"造城运动"的行为，这使城镇化发展的可持续性受到威胁。在这种情况下，如何使地方政府主导的城镇化模式持续有效地发展下去，逐步转变为人口和产业集聚的"自然的"城市化过程，走可持续发展的新型城镇化道路，成为我们需要思考和解决的问题。

在长垣的发展中，市场的作用发挥较小，新城区的工业园区也是在政府的引导下招商而来，城镇化的持续发展，政府的主导作用虽然必不可少，但是没有市场的引入，城镇化往往后续动力不足，暴露出一些突出问题，如对农民意愿尊重不够、对农民补偿不足、农民就业转换滞后导致对农村生活方式的依赖、入住新型社区使居住地和承包地距离变远等问题，导致农民入驻中心社区意愿不高；另外建设中缺乏统筹规划、建设资金不足、管理难度增加、建筑质量不高等问题也困扰着社区建设。近期问题可由政府主导解决，长期问题应靠市场力量解决，只有政府和市场的关系良好结合才能保证城镇化的健康发展。

二、土地流转和宅基地复耕

一是思想认识不到位。有些乡村干部对土地流转和宅基地复耕缺乏认识，不够重视，没有发挥好主动引导作用，土地流转处于自发无序和自然缓慢的发展状态，宅基地复耕周期长、进展慢。

二是土地流转行为不规范。户与户之间流转仍占主导地位，大部分是采取口头协议形式，即使签订合同也存在手续不规范、条款不完备等问题，且口头协议风险较大，流转双方利益缺乏法律保护，导致承租方缺乏长期经营打算，大额投资积极性不高。

三是管理机制不到位。土地流转市场尚未真正形成，转出转入之间缺乏足够的信息联系。同时，缺乏专业的评估、咨询、公证、仲裁等中介机构。尽管大部分乡镇都成立了土地流转服务中心，但实际作用发挥还不充分。

四是政策措施不完善。土地流转和宅基地复耕的具体政策、管理服务却相对滞后。宅基地复耕和社区建设的协调推进政策不健全，周转资金到位不足，存在搬新不拆旧的情况。

五是缺乏对农民利益的保护机制。流转业主一旦经营不力或遭受自然灾害，会造成很大风险，影响土地流转双方积极性，风险保障措施有待强化。

三、生产生活方式转变

新型农村社区建设，推动农村生产生活方式不断发生改变，农村交往生活方式与社群生活方式都因社会经济的市场化和居住环境的改变也出现了不同程度的消极变化。一是生活方式。农民入住社区之前，农村传统闲暇活动单一；入住社区后，其闲暇生活主要向休闲活动靠近。但农民"上楼后"邻里交往减少了。楼上楼下的居住模式割裂了农民睦邻友好的邻里关系，随着外出务工人员的增加，社区交往由地缘向业缘转化的趋势明显。由于多层住宅与小高层住宅都是行列式布局，其院落空间形式通透感较强、围合感较弱，不利于居民交往活动的发生和归属感塑造。例如，南蒲社区服务中心设置在主干道的道路交叉口，虽然其体现了社区的形象，但是其空间场地不能满足居民的公共活动，而且其位置也不利于体现辐射整个社区的均等性。二是耕地变化。社区所整合的周边耕地或多或少都被城市建设用地和工业厂房所占用，造成农民的耕地减少较多，有的甚至完全没有土地可耕。新型城镇化的发展是一个循序渐进的社会制度进步和创新过程，需要各项配套改革合力推进。千万不要抱有"毕其功于一役，一蹴而就"的急躁心态，去急于求成、盲目"贪大求快"，跃进式地推进新型城镇化发展。这就要求在新型城镇化过程中，必须从体制机制上彻底摆脱传统城镇化发展的路径依赖，政府要从全面主导向有限主导转型，政府有限主导的行为方式与职能定位要发生重大的转变。在政府有限主导和市场调节双重力量的协力推动下，持续健康地推进新型城镇化的发展。

第五节　启示和建议

一、工业化是推进城镇化的基础动力

城镇化建设离不开工业的发展，工业化是城镇化发展的基本动力。作为历史上有名的穷县，长垣在交通闭塞、资源贫乏、农业生产条件恶劣的情况下，于20世纪80年代开始创办乡镇企业，80年代后期开始民营经济加速发展的过程，城镇化得益于其良好的工业发展基础。

改革开放之初，当地农民依靠独具的传统手工艺活动：补锅、铜盆、泥瓦匠、厨师等，外出闯荡谋生，并完成了原始资本积累，为长垣工业化进程奠定了基础。随着原始资本积累的完成，一些具有创业意识的人便利用发现的商机，回乡开始创办小规模的加工企业，开创了长垣乡镇企业、民营经济迅速发展的先河。为了满足日益扩大的市场需求，企业开始把产品的部分生产过程转移到农户，并提供原材料和技术指导，逐步形成"企业加农户"的企业组织形态。由于市场竞争激烈，企业要想获得持续的发展，必须具有竞争优势。长垣通过产业集群的发展壮大，在激烈的国际、国内市场竞争中占据一席之地。

产业支撑是城镇化战略实施的立足点，推进城镇化，必须在产业上、经济上发力。在新型城镇化建设过程中，长垣政府坚持社区建设与产业发展相结合，在推进社区建设的同时，同步推进产城融合区、工业集聚区和现代农业区建设，促进农民就业创业。长垣在城镇化发展进程中，逐步形成了以工业化为主导、独具特色的长垣特色产业集群。快速发展的工业化，为城镇化的进程提供了动力与支撑，使长垣走上了通过提高人力资源、自然资源和资本的使用效率及技术进步保持经济持续增长的新型城镇化的可持续发展道路。

县域城镇化必须立足于具有支撑作用的产业，增强城镇的经济实力，才能走上一条自我积累、自我完善的可持续发展道路。因此，在县域城镇化发展进程中，要以特色产业集群支撑城镇的发展，突出产业的比较优势。特别是以产业支撑农村经济的转型升级，强调发展新型农村社区的配套项目和产业，开辟农业创业项目或创业园区，以此来支撑农民就近就业、自主创业，就地实现农村生产、生活方式向城镇化的转变。

二、农村新型社区建设要循序渐进

在考虑经济承受能力、工业化程度的前提下，新型城镇化的发展是一个循序渐进的社会制度进步和创新过程，应在城市周边、产业园区周边、中心镇周边"三边"地区先进行，兼顾黄河滩区、深度贫困地区整体移民搬迁问题。同时需要各项配套改革合力推进，必须从体制机制上彻底摆脱传统城镇化发展的路径依赖，政府要从全面主导向有限主导转型，一定要尊重农民意愿，把群众自愿和群众满意作为新型农村社区建设的出发点和落脚点。合理界定政府的角色和定位，注重制度性的设计和安排，不越位、不缺位，始终坚持以人为本，充分考虑农民的实际承受能力，不盲目攀比，不强迫命令，不包办代替，不搞形式主义，才能持续健康地推进农村新型社区的发展。

三、农村新型社区建设要发挥市场机制的作用

参与社区建设的主体应该有社区选举产生的自治组织、社区自发成立的非营利组织、社区内迁入或成长壮大的企业、社区广大居民等，需要政府、企业和民间组织的多主体参与，各主体在社区建设与发展中的角色并不相同。政府通过直接投资或社会筹资的形式推动社区公共基础设施建设和直接提供更多的服务，购买社会提供的基本公共服务。非营利组织的服务表现为多样化，如社会救助、照顾、文化、卫生、教育等。而引入市场的手段解决长期问题，按照政府引导、企业主体的原则探索农村新型社区建设模式，使市场在农村新型社区建设中发挥基础性作用，同时积极发挥政府作用，有效解决城镇化动力不足，保障农村新型社区的可持续发展。

四、探索推动土地制度创新

土地是农村新型社区建设中最为重要的一个环节，应建立机制、完善政策，协同推进土地流转、宅基地复耕和农村新型社区。

关于土地流转问题。新型农村社区的居住点一般会远离自家经营承包地，这给相关农民维持承包地上的农业生产带来较大不便，因此应积极引导农民加快农村承包土地经营权的流转，农民土地可以依法采取转包、出租、互换、转让等多种方式流转，也可以以承包地入股的形式组建土地股份合作社，推进农业适度规模经营，提高农业的产业化水平。社区服务中心要提供必要的法律援助，保障农民在承包地的流转中获得应有利益。

关于承包地退出和宅基地退出问题。对进城从事非农产业的农民，应允许他们将承包地出让，获得土地出让金后进城就业，成为名副其实的"投资移民"，避免出现新的城镇人口贫困化；还应准许进城就业农民退出集体，由农民集体给予合理补偿，退出成员的土地承包经营权收归农民集体或有偿转让给其他农民。进城就业农民的宅基地可以保留，也可以在集体成员内部转让。

关于新型农村社区建设的用地问题。充分利用城乡建设用地增减挂钩政策、人地挂钩政策和农村土地综合整治政策，最大限度地达到合规合法用地，推动新型农村社区建设。在合规合法用地得基础上，针对各地实际情况可以采用先拆后建型、先建后拆型和边建边拆型等方法，探索一套行之有效、符合实际的政策和机制。

五、积极推进管理制度创新

社区建设的实质是农村资源和农村力量的整合过程，但我国关于农村社区建设的理论与实践都落后于城市社区建设。当前，宏观层面的社会变迁在很大程度上影响了新型农村社区的建设与发展，传统的社会整合机制也发生了巨大变化，我国原有的农村基层组织管理体制已很难适应农村社区发展和建设的需求。社区需求的多元化与社区治理的单一行政模式的矛盾，使得开展我国新型农村社区治理研究越发显得重要。

关于行政性服务和经营性服务。新型农村社区建设需要将县级行政审批、公共服务、社会事务管理等功能延伸到农村社区，同时吸引县城科技信息、商贸物流、信用保险等各类经营性服务组织到社区设立网点，推进工业向园区集中、人口向小城镇集中、居住向社区集中。

关于领导架构和管理架构。一是加强农村社区党组织建设，在农村社区成立社区党组织，探索实行社区党总支领导下的农村基层组织建设路子；二是探索社区居委会、社区服务中心、物业管理公司有机统一的"三合一"的社区管理体制。

关于保障基本公共服务均等化。基本公共服务均等化是新型城镇化的重要内容，应逐步提高基本公共服务水平，推进教育、医疗卫生、社会保障等领域基本公共服务城乡均等化，不断缩小城乡差距，实现城乡统筹协调发展，深化公共制度改革，以此鼓励和吸引本地农民及外来人口落户新型社区。

第三章 龙头企业融合型城镇化：
中鹤模式

第一节 引言

　　推进三次产业融合发展，是加快转变农业发展方式、构建现代农业产业体系的重要举措，也是推动农业农村经济发展、探索中国特色农业现代化道路的必然要求。2016 年 1 月，国务院办公厅发布《关于推进农村一二三产业融合发展的指导意见》（国办发〔2015〕93 号），提出"用工业理念发展农业，以市场需求为导向，以完善利益联结机制为核心，以制度、技术和商业模式创新为动力，以新型城镇化为依托，推进农业供给侧结构性改革，着力构建农业与二三产业交叉融合的现代产业体系"。在三次产业融合发展大趋势下，政策界和学术界都在尝试对农村三次产业融合的内涵做出界定。陈晓华（2016）指出，三次产业融合发展是以农业为基本依托，以产业化经营组织为引领，以利益联结机制为纽带，通过产业联动、要素集聚、技术渗透、体制创新，促进农业产前、产中、产后及休闲服务各环节的有机结合，实现农业产业链的延伸、价值链的跃升、功能的拓展、多主体的共赢，让农民参与第二、第三产业，分享增值收益。郑风田等（2015）则认为，农村三次产业融合发展，是指以农业为基础和依托，借助产业渗透、产业交叉和产业重组方式，通过形成新技术、新业态、新商业模式延伸农业产业链，由第一产业向第二产业和第三产业拓展，打造农业产业综合体和联合体，进而达到实现农业现代化、城乡发展一体化、农民增收的目的。

　　从不同形式的内涵界定中，关于三次产业融合发展可以归纳出如下共同点：①产业链条的延伸。主要是指以农业为中心，向产前和产后延伸链条，进而把种子、农药、肥料供应及农产品加工、销售等环节与农业生产连接起来。②技术的支撑。新技术的推广应用，在提高生产效率、转变生产模式、缩短供求双方之间距离的同时，也使农业与第二产业和第三产业间的边界变得模糊。③产业间的关联与渗透。通过开发、拓展和提升，使农业具备生态休闲、旅游观光、文化传承、科技教育等多种功能，进而与文化、旅游、教育等产业交叉融合。④产业发展效益的提升。农村三次产业融合的最终目的，是坚持农业现代化与新型城镇化相衔接，与新农村建设协调推进，推动农村产业空间布局的调整和发展方式的转变，并让农民参与第二、第三产业，分享农村产业增值收益。从我国农业发展实际来看，促进农村三次产业融合发展，已是形势所迫、大势所趋。

第二节　中鹤模式

河南中鹤现代农业开发集团有限公司（简称中鹤集团）位于鹤壁市浚县北部王庄镇，公司成立于 1995 年，依托国家对农业产业的政策支持，凭借优良的区位和原料优势，经过十几年的努力，目前已经呈现快速发展态势。2015 年年底，集团注册资金 10.28 亿元，总资产 33 亿元，年产值 24 亿元，拥有员工 3500 人，是全国食品工业优秀龙头企业、河南省农业产业化重点龙头企业。

随着企业不断发展壮大，集团对精深加工的原材料——粮食的数量和质量提出了更高要求，质量上要求达到统一、优质、安全的标准，数量上要求达到规模、稳定的供应，挨家挨户地收购粮食几乎不可能，而农户单门独户分散生产的尴尬现实更让企业发展举步维艰。因此，在当地政府的大力协调下，中鹤集团开始尝试通过成立农民专业合作社租赁农户土地的方式来推动土地流转，促进农业规模化经营，把粮食生产的产业链向前延伸到田间，把农业大田建成企业的车间，把农民培养成企业工人，将农民的收入与企业效益挂钩，使农民既能得到土地承包经营权流转获得的资产性收入，又能通过在集团的务工获得稳定的工资性收入。这样既能保障企业与农民的双赢，又能确保在"依法、资源、有偿"的基础上有序实现土地的适度规模经营。

2010 年年初，浚县王庄镇完成了 100 平方千米镇域面积内 42 个行政村、4 个居委会、7 万人口和 9 万亩耕地的整体规划。王庄镇中鹤新城规划面积 11 平方千米，分三期建设，建成后可容纳 8 万人左右。当地的新型城镇化建设以中鹤集团这家农业龙头企业为主要推手，以信息化为平台，以新型工业化为龙头、农业现代化为基础，被称为中鹤模式。

一、中鹤模式的产业架构

（一）农业全产业链经营

农业全产业链经营是一种新型的农业产业化发展模式，它不同于传统的单一直线型农业生产，更多的是注重产业的关联性、业态的多样性和价值增值环节的互补性。中鹤集团对农业全产业链经营模式进行了新的探索，在农产品精深加工的同时，积极向农业开发、集约化种养、粮食收储、粮油贸易、农产品连锁超市、环保能源等相关产业拓展。此举不但使集团实现了产业链的上下游延伸，同时也有效保证了食品安全的可追溯性。

中鹤集团把发展畜牧业作为其中间环节，有效地对接了农业的工业化、工业的品牌化、农民就业的本地化等关键问题。小麦和青贮玉米的种植，是整个产业链的最上游，其中青贮玉米是养殖业的直接饲料来源。在传统的籽用玉米种植条件下，小麦收割与饲用玉米播种的时间发生了冲突，导致机械化、规模化生产难以实现。籽用玉米改种青贮玉米不仅可以很好地解决上述问题，同时还可形成"地种粮、粮秸秆喂羊、羊拉粪、粪还田"的低碳循环模式（图 3-1）。这种"种加养"的模式为淀粉、食品加工等工业提供了安全可靠的原料，保证了食品深加工产品的品质，实现了农业产业链全程的机械化生产。

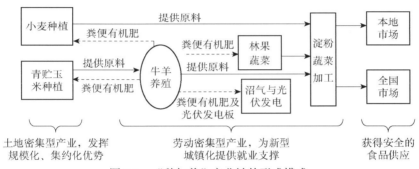

图 3-1 "种加养"产业链的形成模式

（二）一二三产业融合发展

农业产业链的经营离不开三次产业融合发展。三次产业之间的融合渗透和交叉重组可以概括为以下三点：以工业化、信息化的方式发展现代农业；以小麦、玉米作为粮食加工业的原材料，实现第一、第二产业的对接；土地密集型产业和劳动密集型产业相结合，优化劳动力分配格局；以第三产业为依托，探索多渠道的销售模式。

其一，中鹤集团将工业生产标准化、专业化、规模化理念运用于农业生产，以青贮玉米的综合利用为核心，通过大规模生产保证小麦、玉米质量，通过小麦、玉米深加工发展加工业，通过秸秆发展养殖业，将初级产业种植业、养殖业、流通加工业及未来的生态旅游服务业有机融合，实现"农业产业化"。同时，中鹤集团规划建设一张从田间种植到生产加工的信息化网络。通过全机械化与物联网技术相配合，实现了农田、养殖场、加工厂的大数据采集，为未来实现全产业链的自动化奠定了基础。

其二，中鹤集团打造玉米产业链（玉米—淀粉—淀粉糖—糖浆—结晶糖—多醇和酸—蛋白粉—玉米油—饲料等）和小麦加工产业链（小麦—面粉—纯净粉—普通食品—高档休闲食品等），实现了第一产业与第二产业的对接。玉米产业链主要依托河南淇雪淀粉有限公司规划建设玉米产业循环经济园，在园区内规划多醇和酸类精深加工区，实施玉米循环经济战略，发展精、深、特加工业，建成高标准的现代化玉米初加工产品基地。利用玉米副产品生产玉米胚芽油、玉米蛋白粉和黄色素，积极发展玉米胚芽饮料等项目，促进"玉米经济"全面发展，拉长玉米产业链条，实现从玉米原粮进园到高附加值产品出园及零排放目标。小麦加工产业链主要依托河南中鹤纯净粉业有限公司，充分利用小麦资源优势，坚持强龙头、上规模，开发小麦食品新品种、高档品种，实现小麦就地转化增值。河南中鹤纯净粉业有限公司采用全密闭的自动生产线和最先进小麦剥皮工艺技术，能有效清除小麦表皮农药残留等有害成分，成为我国为数不多的能够将面粉做到食品级安全标准的"无菌面粉"加工企业，是目前国内现代化程度最高、豫北规模最大的精品面粉加工项目之一，可日产各种规格的高标准纯净面粉、杂粮混合粉及工业定制预拌面粉 700 吨，年生产专用粉能力达到 30 万吨，年产值 9 亿元、利润 8000 万元。

其三，中鹤模式实现了土地密集型产业和劳动密集型产业的结合。农业生产的规模化降低了传统农业对劳动力的需求，少量继续从事农业生产的农民成为受雇于中鹤集团的农业产业工人，其他从土地上解放出来的剩余劳动力转移到了养殖业、农产品加工业及新型城镇化中的第三产业。城镇化促进了当地建筑业及第三产业的发展，从而吸引了大量农村解放劳动力。这种劳动力的再分配机制不仅促进了农民市民化，同时也促进了市民员工化。这优化了三次产业的劳动力分配格局。

其四，中鹤集团着力发展自己的物流部门，将中鹤新城与全国的生产销售网络对接，解决电商"最后一公里"的难题，实现了"互联网下乡"。同时，集团以物流等第三产业为依托，成立相关的产品销售部门，与"豫便利"等多家电商合作，共同打造"O2O"（online to offline，即线上到线下）平台，实现跨区、跨省销售。通过多元化的销售途径，实现当地优质农副产品的走出去战略。

二、中鹤新型城镇化的空间开发模式

（一）中鹤空间开发模式所破解的难题——分散的耕地布局与农业集中化生产的矛盾

在中原农区普遍存在着耕地与村庄交错分布，田垄密集，各家各户耕地斑块小而分散，一家一户分散经营的模式已严重阻碍了农业生产效率的提高。这使得中鹤集团统一流转过来的耕地仍然是分散的，农业生产仍然是低效的，而现代农业要求生产的规模化集中，以便于大型农机设备展开作业。因此，中鹤模式所要破解的首要难题是如何打破原有耕地在空间上的分割，实现耕地成片连方的集中。

为获取成片连方的土地，中鹤集团采取统一的土地流转方式，即集团不是直接从农民手里流转土地，而是由镇政府成立乡土地流转中心，然后再通过乡土地流转中心来直接对接农户。农民首先将承包的耕地流转给王庄镇土地流转中心，然后由王庄镇土地流转中心再将土地流转给中鹤集团（图3-2）。这种方式一方面使企业降低了和农户逐个谈判的交易成本，并统一了土地流转的价格；另一方面镇土地流转中心这一虚拟人格的介入，使得土地流转合约更具稳定性，从而避免了中鹤集团与农民之间发生直接纠纷的可能性。更为重要的是，通过这种方式流转后的土地可以统一规划，实现流转后的耕地成片连方。同时，由于消除了"四荒"（荒山、荒沟、荒丘、荒滩）、破除了原有的田垄，耕地面积增加30%，这成为土地集中的另一收获。

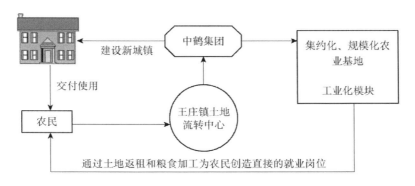

图3-2　土地流转模式

（二）中鹤新城空间开发模式——"三集中"的区域性资源整合原则

中鹤新型城镇化模式不仅实现了对土地资源的优化整合，同时也实现了劳动力资源与产业形态的区域性整合，具体可概述为"三集中"的原则，即土地向农机合作社集中、企业向产业园区集中、人口向新城社区集中。"三集中"原则体现了农业、工业与新型城镇化相互支撑的耦合关系（图3-3）。

土地的集中使得农业生产效率产生质的变化，基于效率提高而产生的预期收入，能够弥补前期新型城镇化建设所需要投入的成本，同时也为粮食加工业提供了清洁可靠的原材料；产业园区的集中建设创造出大量的就业岗位，消化了土地流转产生的农业剩余劳动力；人口的集中、新城的建设不仅节约了土地，同时提高了社会公共设施的使用效率，促进了第三产业的发展，为"农民市民化"提供了空间载体。三者相互支撑，提高了中鹤模式可持续发展的能力。这种内在的"造血能力"是一种良性循环，实现了土地、产业与劳动力资源在空间上的优化配置。

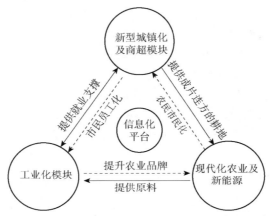

图 3-3　农业、工业与新型城镇建设的耦合系统

1. 土地向农机合作社集中

中鹤集团规划流转清洁粮源基地 12 万亩，2015 年年底已流转近 3 万亩。凭借中鹤集团所属的鹤飞农机服务专业合作社，采用"公司+农户"的形式，进行规范化作业，建设清洁粮源生产基地、良种繁育基地和规模化养殖基地。

土地的集中为合作社统一经营提供了条件，显著增加了粮食产量，提高了经济效益。以小麦为例，由农户自己耕种的土地，每亩投入成本约 520 元，亩产约 510 千克；由鹤飞农机服务专业合作社经营管理的土地，每亩投入成本约 570 元，亩产约 610 千克；鹤飞农机服务专业合作社统一规模经营比农户分散耕种亩均增产近 100 千克，按市场价 2.04 元/千克算，每亩增收 204 元，除去比农户分散经营多投入的 50 元，小麦亩均增加效益 154 元。由鹤飞农机服务专业合作社经营管理的 3 万亩耕地，一年可增加效益 400 多万元。在发展过程中，中鹤集团不断创新经营理念和管理模式，探索出了采用"公司+基地+农户"的农业产业化经营模式，整合农业综合开发、土地整理、节水灌溉等项目资金，重点向高产创示范方投放，打造了"田成方、林成网、渠相通、路相连、旱能浇、涝能排"的高产创建示范区，同时还实现了从种到收实行"六统一"作业，使粮食品质的一致性得到了保证。土地的集中是农业生产从传统分散向现代规模化转变的探索，这降低了农业生产成本，提高了农业生产效率，保证了粮食生产品质。

2. 企业向产业园区集中

为发展农产品加工，拉长产业链，当地政府依托中鹤集团规划了市级特色工业园区——浚县粮食精深加工园区。2015 年，规划面积 5.8 平方千米的中鹤粮食精深加工产业园区，已建成 2 平方千米。形成了两大功能：一是 70 万吨粮食仓储能力；二是 75 万吨的年原粮加工转化能力，包括 45 万吨玉米和 30 万吨小麦加工能力。中鹤集团旗下 18 家子公司全部入驻园区，已初步形成了粮食深加工产业集群，其他企业的招商工作正在加大力度有序进行，产品种类覆盖七大类 20 多个品种。其中中鹤营养面业有限公司拥有国内先进的挂面全自动生产线，每年生产各种优质挂面 10 万吨；河南淇雪淀粉有限公司年加工转化玉米 45 万吨；中鹤君威食用油有限公司年加工大豆 3 万吨。产业向产业园区集中形成了集聚经济，不仅使粮食的仓储、加工、运输业一体化运营，同时也提高了中鹤粮食加工业的整体竞争力。

3. 人口向新城社区集中

随着人口在空间上的集中，中鹤新城正如火如荼地建设中。新城规划面积达到 12 平方千米，总投资 59 亿元，全部建成后可吸纳 8 万～10 万人居住。在目前的计划中，建设共分三期。一期工程于 2010 年 8 月开工，计划建设占地 3750 亩，计划建筑面积 110 万平方米。2015 年，开工建设了 2.8 万平方米的商业中心工程、9 万平方米的中小学工程、1.3 万平方米的行政服务中心工程、16 千米的城区道路工程、日供水 3 万吨的自来水厂、日处理 1 万吨的污水处理厂和 164 栋住宅楼工程，共 7 个项目。其中，新城中学、行政服务中心、道路、住宅楼等工程已经相继投入使用，其余项目正在紧张建设过程中。社区二期工程于 2012 年开工建设，占地 600 亩，共分四个小区，2015 年已开工两个小区，在建住宅 20 栋。已经有500 多户家庭、2000 余人，搬进了中鹤集团建设的新城镇。

中鹤新城未来的定位不仅是一个简单的社区，而是浚县的副中心城市。城内居民拥有城市户籍，新城内水、电、暖基础设施配套齐全，学校、医院、社区服务中心等服务功能完善，绿化、美化、亮化工程应有尽有。同时，社区还十分注重绿色和生态的理念，规划建设了雨水循环利用系统、太阳能设施等，在实现节能环保目的的同时，也有效降低了农民的居住成本。人口向新城社区集中不仅意味着中鹤集团开发了一个大型小区，而且意味着中鹤集团创办了一个小型社会。

总体上，"三集中"的原则是实现区域资源的空间整合。即当地农业、工业经济活动及城镇化均处于最优的空间位置，同时实现规模效益、集聚效益。这需要科学规划，做到"三规"合一，就是把新城规划和土地利用规划、浚县粮食精深加工园区规划统筹起来，做到精准叠加，这样才能够在空间布局、资源共享等方面取得综合效果，使规划更加合理、合规、合法。要产城一体，建设一个不但有经济功能还要有宜居、生态功能的复合型新城。要以人为本，各个方面都要最大限度地满足群众需要，让群众搬进新社区的同时，在生产方式、生活方式、生活水平等方面都有很大的改善和提升。同时还要制定高标准的企业发展规划和新型现代农业发展规划，形成产城融合的发展模式。

第三节　中鹤模式下新型城镇化机制

一、共同收益是中鹤模式的社会动力

（一）中鹤模式的参与主体——政府、企业、农民

中鹤模式下，新型城镇化由政府引导、企业担纲、农民参与，三者凝聚为一个"命运共同体"。

政府的引导体现在：①为新型城镇化提供服务保障，确保村庄搬迁、土地流转、工业征地、城镇化征地等工作稳步进行。例如，中鹤集团过高估计了新城的容量及所能提供就业岗位数目，在拆迁搬迁过程中表现出急切的意愿，政府及时控制了新型城镇化的速度，使其进程与土地流转、工业化同步进行。②为城镇化进程提供项目及财政上的支持，加大学校、自来水厂、保障性住房及道路交通等公共设施项目投入建设的力度。③发挥规范引导作用，解决征地过程中产生的种种矛盾纠纷，引导新型城镇化的有序进行。

中鹤集团的担纲体现在：①为并村进城的农民提供一定的就业岗位；②以土地流转置换和给付特定指标内的免费住宅或超低价住宅，解决农民土地出让问题；③承担居民住宅、商业设施及水、电、暖、气、光纤等基础设施的建设费用。

农民的参与体现在：①他们自发地搬迁，在空间上从乡村聚集到了社区；②他们在职业上由农民转为农业产业工人，其土地收益方式发生了改变，由之前的经营性收益转变为资产性收益；③他们身份上接受了由农民向市民的转变，享受到更好的城市医疗、教育福利，融入城市文化。

中鹤模式离不开政府、企业及农民的同时参与。三方形成了一股合力，求大同存小异，共同探索出一条三化协调、四化同步的新型城镇化道路。

（二）中鹤模式为企业、政府、农民各方的收益提供了保障

中鹤模式下政府、农民与企业三方是一个利益共同体（表 3-1）。

表 3-1 不同主体间的利益结构

项目	政府	当地农民	企业
付出成本	①相关政策资源； ②为协调农民的利益而必须支出的一部分财政收入； ③相关财政补贴	①宅基地； ②原有耕地使用权； ③超出额定指标外的购房面积需要支付的建筑成本	①前期建设所垫付资金； ②流转土地必须支付给农民的地租； ③拆迁费及复耕费
获得收益	①政治效应； ②当地产业升级带来的财政收入增长； ③产业升级后带来的资源聚集效应； ④土地升级带来的财政收益	①获得按 650 元/米^2 的优惠价格购买指标内住房的权利； ②宅基地拆迁给予的补助（木结构：380 元/米^2，砖混结构：420 元/米^2）； ③每年获得让渡耕地的地租收入［折算成 600 千克小麦/（亩·年）的市场价格］； ④村集体收益的分配（主要为部分商业地产的租金）； ⑤农户被中鹤集团企业返聘，获得一定的工资收入； ⑥享受新城中便利的医疗、教育、卫生等方面服务	①清洁的粮源生产基地； ②农民让渡出的耕地使用权与宅基地使用权，同时也为企业规模化经营创造了条件； ③新创造出耕地存量指标出售的收益； ④新城商业地产独家开发及销售权； ⑤农民市民化后为企业的工业部门提供充足的劳动力

表 3-1 表明中鹤城乡一体化前期政府与企业垫付了大量的资金。调研中课题组了解到：新城一期建设共投入 8 亿元，其中中鹤集团自筹 2 亿元，其余来自政策性贷款及部分财政补贴。中鹤城乡一体化进程离不开政府的支持，而降低企业融资成本才能更好地发挥龙头企业在新型城镇化中的推动性作用。

从整体上看，中鹤城乡一体化进程中，政府、企业、农民均为受益者。政府获得了当地产业升级所增加的财政收入及社会发展的稳定和谐；企业获得了清洁稳定的粮食生产基地，增强了自身的竞争力；农民则享受了新城中完善的社区服务设施，完成了自身从"农民"向"市民"的转变。

二、农民市民化是中鹤模式的内生动力

中鹤新型城镇化的动力机制，根本还在于"人"——当地农民及其切身利益。如果中鹤模式不足以独立地支撑当地的农民迁居城镇的成本，农民的就业和生活得不到保障，那么这个模式就注定是要失败的。单方面依靠政府、企业的投入或特定条件下发展起来的新农村建设典型，终归不能持续或难以复制推广。中鹤集团在推进三次产业融合发展过程中积极探索"以人为本"之路，有效激发了农民市民化的内生动力。

（一）农民教育、医疗状况得到改善

进城的农民最关心的是教育、医疗的问题。中鹤新城的教育、医疗整合了全县的资源，搬入新城意味着家人能够享受更完善的医疗保障、孩子能够接受更好的教育。当地流传有这么一句话："哪个村子先流转耕地，哪个村子先搬迁，哪个村子的孩子就能够先进入新城的学校上学，哪个村子的老人就能先享受到现代化的医疗卫生服务"。因此，各村各户流转土地、搬迁进城的积极性普遍很高。农民并村入城的意愿加速了中鹤新型城镇化的进程。

（二）农民收入、就业、生活问题得到保证

搬入新城的"农民"脱离了土地的束缚，不再从事农业生产活动，土地流转获得的收入足够维持一家人平时的开销。他们的土地收益的方式由经营性收益转变为资产性收益，同时，他们中的大多数又成为中鹤集团企业的雇员，挣到了额外的一份工资；另有一部分人从事绿化、物业、餐饮等工作，构成新城第三产业的从业人员，其工资收入与外出务工无异。

课题组对 20 多个农户进行了深入访谈。大多数家庭来自当地的小齐村，在 2012 年左右搬入新城。这些农户每家原有耕地均在 10 亩左右，耕地以 600 千克小麦/（亩·年）的市场价格流转给中鹤集团，如此每家能够获得数万元的地租收入。他们在获得地租收入的同时还能在中鹤集团另谋一份职业，搬入新城后家庭总收入要远高于之前的种地收入。以我们访谈的一户六口之家为例，家中耕地有 12 亩，户主为一对年近半百的中年夫妇，膝下有一儿一女，儿子已结婚并育有一个上幼儿园的女儿，儿子小两口均为中鹤营养面业有限公司的职员，工资每月在 3000 元左右；女儿就在新城中的一所高中读书，平日里上学十分方便。户主夫妇自从搬进了新城，再没有像之前那样农闲时外出打工，农忙时返乡种地，他们平时带带孙女，偶尔在中鹤集团的羊场打个短工，一家人日子过得其乐融融。"安居才能乐业"，并村进城的农民收入、就业得到了保障，中鹤新型城镇化才能形成"对内可持续，对外可复制"的中鹤模式。

（三）农民原有的家庭、社会关系向城市文化转变

在当地流行着这样一句话，"新城买套房，娶个好新娘"。课题组在调研时还遇到了一位齐大爷，齐大爷年过 60 岁，曾经当过小齐村的村支书，是一位老党员。他有两个儿子，老大是当地镇政府的公务员，老二是中鹤集团内部的员工。齐大爷刚搬入新城时分别为两个儿子各买了一套 100 多平方米的房子。两个儿子结婚后就此分家，只在周末才同时聚到老人家。像齐大爷这样的情况并不少见，"分家

问题"的背后，我们看到"并村进城"不仅仅意味着农民生活环境的转变，同时也意味着他们家庭结构的转变。由之前院落式的"小聚居"转变为公寓式的"大杂居"，农民需要一个适应过程。这也是社区结构由传统"村"向现代"城"转变的过程。这一过程中，同一村庄的农民搬入同一小区，之前的村委会变为现在的居委会。这种就近城镇化的方式维系了原有的邻里关系，并通过文化、亲情固本培元，增加了中鹤模式的社会稳定性。

总体来看，农民是中鹤新型城镇化最大的受益者。在政府的引导、中鹤集团的担纲下，农民在空间上由村向城转变、在职业上由农业生产向城市生产转变同时进行。只有农民在这两种转变中切身受益，他们才能增强市民身份的认同感，融入城市文化，完成农民身份向市民身份的第三种转变。农民自发地完成市民身份的转变，是中鹤新型城镇化的内生动力。

三、多元化的收入结构是中鹤模式的经济动力

随着中鹤城乡一体化进程的逐步推进，中鹤集团的收入将会更加多元化，同时企业也承担着更大的社会责任。中鹤集团未来的收入主要包括五大模块：工业化模块、现代农业模块、新型城镇化模块、商超模块与新型能源模块（表3-2）。

表3-2 中鹤集团的收入结构

工业化模块	现代农业模块	新型城镇化模块	商超模块	新型能源模块
①基于粮油深加工产品的销售收入；②肉制品的深加工产品销售收入	①粮食作物的销售收入；②绿色有机蔬菜的销售收入；③有机畜牧业收入	农民让渡宅基地，耕地存量增加，所产生的耕地指标出售收入	①新城商业地产的独家开发及销售权；②配套商业的独家经营权	①牛场、羊场顶部安装光伏设备进行发电；②沼气能源发电

中鹤集团从新型城镇化中获取了多元化的利润，这不仅优化了企业的收入结构，降低了企业运营的风险，同时实现了资本的横向扩张。因此，中鹤集团不断为新型城镇化注入建设资金，以形成良性循环。不同时期，中鹤集团为新型城镇化建设投入的资金来源不同。在新型城镇化初期，工业化模块是中鹤集团收益的主体，集团主要依靠工业反哺农业，靠工业利润为新型城镇化注资；随着新型城镇化的推进，出售新增耕地指标是目前集团收益的重要来源，以此缓解新型城镇化建设的资金压力；随着城镇化进程的完善及耕地的进一步集中，农业模块的利润将是中鹤集团未来收入的主体，农业利润将持续为新城的建设提供资金保障。最终，中鹤集团获得了多元化、规模化带来的额外收益。中鹤集团的发展与当地新型城镇化的进程紧密相连，这种互惠互利机制是中鹤新型城镇化的经济动力。

第四节　中鹤模式的主要经验和推广意义

一、绿色安全食品必须实现农业规模化生产

在科技飞速发展的今天，我国13亿人口的食品质量安全问题却红灯频闪，各种食品安全事件屡见不鲜，如农民大量使用高毒甚至剧毒农药，致使蔬菜、果品农药残留严重超标；为了增加猪的瘦肉率，在饲料中添加"瘦肉精"；原料供应商和食品加工企业违规使用植物生长激素、滥用催熟剂和食品添加剂；2008年的"三聚氰胺事件"更是给我们敲响了警钟……就食品安全现状来看，我国食品供应链仍不健全，食品安全隐患较大，必须尽快规范食品生产供应链，保障食品安全。

食品行业的供应链是由农业、食品加工业、零售企业和物流配送企业等构成的食品生产和供应网络，并且贯穿"田间到餐桌"全过程，任何一个环节出了问题都会对消费者的健康造成危害。中鹤模式则是从源头破解食品安全的问题，即安全食品生产不仅要在粮食加工车间做文章，更要深入田间地头，从源头上把控，实现从田间到餐桌的食品安全。

田间地头清洁粮源的生产是一项复杂且涉及面广的系统工程，涉及播种、施肥、收割、晾晒、储存等各个环节。一家一户的小农经营模式无法满足清洁粮源生产的需要，粮源品质也无法得到保证。要以工业的方式发展农业，实现农业规模化生产才能破解我国粮食安全之困。中鹤模式改变农业发展方式，将耕地、资本、科技、制度结合起来，实现农业产业化发展，农业才会得到支撑，食品安全才能够从源头得到保障。

二、农业规模化生产需要城镇化作为支撑

农业规模化生产提高了农业生产效率，同时也解放了大量的农村剩余劳动力。这些并村进城的农民无论是居住的空间、从事的行业还是自身的身份，都发生着由"村"向"城"的转变。城镇化为农业规模化生产提供了土地、产业的支撑，同时也吸纳了大量的当地农业人口。中鹤新型城镇化可以概述为：农业人口和非农要素在空间向城镇聚集的过程中，非农人口所享有的医疗、教育、社会福利、居住环境水平等大幅提高，经济产业结构不断优化、合理，产业发展健康、可持续，城镇空间载体土地资源高效、节约、集约利用。其中土地、产业、人口三者的城镇化进程应协调同步。

土地是城镇化空间发展的载体，是一个全局性、根本性、战略性的问题。其

内涵可以概括为建成区面积的扩大、土地投入水平的提高、土地产出的增加。从土地利用形态转变的角度来看，土地城镇化是通过土地利用方式和利用程度的变化，由农村形态向城市形态转化，形成更集约的空间配置和更高效率的土地结构形态的过程；若从权属转变的角度来看，可将其视为农村的各类用地和未利用地向城镇经济社会用途土地的转变过程。

产业城镇化是指伴随着经济增长，由产业结构非农化而引发的生产要素由农村向城市流动和集中，在城市体系不断升级的同时，产业结构的合理转换与发展。产业结构转换与发展是城镇化发展的动力机制，其中农业是城镇化的基础动力，工业化是城镇化的核心动力，而第三产业是城镇化的后续动力。

人口是城镇化的核心，人口城镇化实质是非农人口向城镇迁移的过程，表现在城镇人口占总人口的比重，更包含非农人口市民化后享有的市民在住房、教育、医疗和社会保障方面的待遇水平提高。人口城镇化包含三层含义：农民身份的转变——由农民转为市民；农民空间位置上的转变——由乡村搬入城市社区；农民职业的转变——农业生产向第二、第三产业转变。

土地城镇化、产业城镇化和人口城镇化互为因果，相辅相成。其一，土地城镇化为产业、人口城镇化提供了空间载体，推动着产业、人口在空间上的集中，从而产生一系列集聚效应。其二，产业非农化发展是人口城镇化的重要动力来源，第二、第三产业的发展吸引大量第一产业劳动力向第二、第三产业转移，从根本上推动人口城镇化的发展。有研究得出，区域城镇化模式的差异在很大程度上与区域工业化发展模式相关，因此有学者将城镇化作为工业的内涵与直接外延。其三，作为产业发展必要投入要素，劳动力在不同部门和区域的流动，有助于促进知识溢出、信息扩散、产业增长。产业结构的调整和升级都必须通过人口集聚来实现。总体上，中鹤新型城镇化应该是土地城镇化、人口城镇化和产业城镇化相互协调，同步发展的。

三、以第二产业为龙头带动第一产业、辐射第三产业

龙头企业在推动三次产业融合发展中有着重要作用。以中鹤集团为例：其一，中鹤集团是各类经营主体融合共生的主导者，凭借较高的管理效率和较强的市场营销能力，能够不断地拓展产业链、提升价值链。着眼于构建良好的产业生态圈，稳定和优化自身发展环境，居于价值链终端的中鹤集团能够推动价值链分配的重心向上游倾斜，将产业链各主体打造成为风险共担、利益共享的共同体。其二，中鹤集团是产业环节融合互动的引领者。中鹤集团依托加工环节，向上游延伸，向下游拓展，推行的产加销一体化、贸工农一条龙经营模式，本身就是不同产业环节的融合。其三，中鹤集团是资源要素融合渗透的推动者。中鹤集团与农业存

在天然的血缘关系、地缘关系和利益关系，具有双重身份——既是大农业的一个重要主体，通过产业化组织模式，连接着传统农业资源；同时又作为现代企业，拥有着工业化的理念、资金、技术等先进要素，成为天然的农业与工业、农村与城市、传统与现代要素融合的推动者。

中鹤模式是我国农业产业化发展领域的一次有益的探索，标志着我国农业向规模化、现代化、智能化方向的发展取得了重要的进步。在源头控制、关口前移、全产业链保障食品安全方面，中鹤模式做到了"对内可持续，对外可复制"。其推广意义如下：

一是中鹤模式的推广有助于实现农业规模经营。传统独门独户的种植方式已不再适应城市与工业的发展，农户有着自身的局限性。中鹤模式通过将土地化零为整，实现了农业适度规模化经营。同时通过整合信息与土地资源，降低了农户的盲目性与无序性，提高了生产效率，并且降低了农业生产的不确定性。面对当前较大的经济下行压力，聚焦农村改革是实现经济稳增长的保证，中鹤模式的推广将为中国经济注入新的活力。

二是中鹤模式的推广有助于推进城镇化、新农村建设。中鹤模式产生了人口在新城聚集的规模效益，降低了不同经济主体之间的信息不对称性及交易成本。在中鹤新城内部形成一种新的经济社会系统，这种系统不同于以往的城市或乡村。传统农村"村委会"的社区组织形式参与到现代城市的管理运营中来，"农民"的聚集加速了其"市民化"的过程，同时也提高了公共资源投入的利用效率。

三是中鹤模式的推广有助于产生劳动力回流效应，是破解"空心村"难题的新途径，同时也缓解了大城市的人口压力。课题组调研发现，以往农民在农闲时外出打工，农忙时返乡的现象在不断减少，一家数口均在中鹤集团务工的现象十分普遍。这种模式将促进当地小城镇的建设，同时也对周边大城市起到了疏解人流的作用。

四是中鹤模式的推广有助于国家严守 18 亿亩耕地红线，确保国家粮食安全。在以往的建设中，建设用地的增加往往意味着耕地面积的减少，建设用地侵占耕地的现象十分常见。中鹤模式由于把之前散居在村庄中的农民集中到容积率更高的城镇中，将原来的农民宅基地、"四荒地"、田垄变为耕地，增加了耕地30%的存量。这将确保我国的粮食产量，保障国家的粮食安全。

第五节　中鹤模式需要防范的问题

中鹤模式的探索取得了积极进展，但始终应该坚持量力而行、尽力而为，绝不能操之过急，要做到搬迁与就业相同步、搬迁与复耕相同步，大力发展加工与服务企业，吸纳更多的农村剩余劳动力，推进城乡一体化合理有序地进行。

一、企业发展的持续融资问题

由于土地政策的滞后性，中鹤集团所控制的土地，无法成为抵押品，从而限制了企业的融资能力，从而极大地阻滞了中鹤模式的推进速度。目前中鹤集团所面临的融资渠道，结构相对单一，主要来自政策性银行和其他商业贷款机构的贷款。不仅如此，就一个需要承担巨大社会责任的创新型企业来讲，该集团所面临的融资成本过高，从而在另一个层面上限制了上述模式的进展。作为社会主义新农村模式的先行先试者，中鹤集团承担着巨大的创新风险，并面临着难以想象的具体困难。这一方面要求企业拓宽融资渠道，另一方面也需要政策的大力支持，针对城乡一体化新模式出台更加适宜的融资举措。

二、农民按照工业化组织进行生产的问题

工业化过程就是农民的转型过程，即由分散落后排斥协作的小生产者被大工业改造为在分工精细而又协调水平很高的工业生产中的经营者和生产者，一旦这一转化过程在深度和广度上"洗礼"了农民的旧俗，传统农民就转化为具有现代工业文明的人。这既要通过工资制度和培训制度的改革，提升农民工人力资源的质量和积累人力资本的经济能力，又要通过工会组织、社区的吸纳和民间非政府组织的培育，促进农民工职业市民化、社会身份市民化、自身素质市民化和意识行为市民化，全面推进真正意义上的农民工市民化。

三、宅基地的复耕周期较长、成本高问题

通常，宅基地拆迁后一般需要2~3年才能进行正常的耕种。处理拆迁所产生的建筑垃圾也会抬高企业短期内的成本，这增加了中鹤城乡一体化的难度。探索一条高效集约可复制推广的拆迁、复耕模式势在必行。

四、企业办社会问题

中鹤集团为学校、医院等公共设施的建设注入大量资金，无疑担负起了一定的社会责任。然而这些公共设施资金回流慢，给集团的资金链造成了巨大压力。同时，城市产业结构过于单一，城市兴衰与单个企业的发展密切相关。虽然目前中鹤集团运营状况良好，然而一旦集团在经营上出现危机，将会在当地导致更大的社会问题。这就需要探索一种政府、企业风险共担机制，如设立风险应对专项

基金、发展后备产业、扩大市场规模等，以降低新型城镇化的风险。

第六节　三次产业融合发展建议

一、加速全产业链融合进程促进绿色可持续发展

　　加快推进三次产业融合发展，必须以确保食品安全为根本要求，需要切实处理好产业发展与环保、安全、生态的关系。中鹤模式构建了种植、养殖、加工一条龙的现代农业产业体系，并充分利用设施农业和养殖场空间建设光伏发电设施、利用农牧业废弃物建设沼气等能源工程，积极探索高效循环经济发展模式。通过结构调整、规模调整、方式调整等，建立起种、养、加各产业之间的物质循环，促进工业化、城镇化和农业现代化之间的能量循环。通过积极推进循环经济发展，促进生态型、节约型城乡一体化建设。

　　进一步研究中鹤模式的可持续发展方式，充分利用现代信息技术、现代物流与现代商业模式等技术与管理手段，优化农产品从田间到餐桌的产业链管理。通过调整农业结构和规模，确保种、养、加相协调；通过先进生产技术的培训和应用，建立农业生产标准化体系和农产品质量保障体系；通过调整工业化和城镇化结构，确保城镇规模与产业规模的协调；通过调整优化固定资产投资结构和规模，确保投资和效益的最优化，全面提高土地利用率、劳动生产率和农产品品质。

二、进一步发挥龙头企业引领作用

　　龙头企业要积极发挥好引领和示范带动作用，更好促进三次产业融合发展。一是延长产业链。要把产业链建设作为战略重点，从全产业链的视角来谋划企业发展，积极前伸后延，打通产业链各环节。既可以通过与上下游的主体建立紧密的联结关系来实现，也可以通过入股、参股等资本运作方式介入配套产业，当然还可以通过收购兼并、自建基地实行全产业链经营。二是提升价值链。要从各个环节挖掘新的增值空间，将价值提升的理念渗透到企业生产经营的全过程。在生产环节，挖掘资源稀缺性、特异性，重点发展特色产品、绿色产品；在加工环节，适应消费群体、消费方式转变，细分消费市场，通过精深加工实现增值；在营销环节，注重包装设计、提升产品品味，引入文化内涵、讲好产品故事，创新市场策略、拓展营销渠道，打造知名品牌、实现品牌溢价。三是共享利益链。龙头企业在收益分配上，要让农民有获得感，切实享受到更多的增值收益。不但要通过传统的保底价收购、加价收购、二次利润返还等形式让农民有收益，还要探索股

份制、股份合作制，让农民以土地经营权、劳动力、资产入股，形成你中有我、我中有你、互利共赢的紧密型利益联结关系，让农民切实分享到价值链增值的收益。四是催生新业态。龙头企业要紧跟科技新前沿，瞄准消费新趋势，将"互联网+""生态+"等现代新理念引入生产经营活动。

三、建立健全城乡一体化协同推进的体制机制和政策保障

中鹤模式涵盖工业、农业和城镇化建设，涉及各方权责和利益。要进一步健全企业、政府、社区、农民、村集体等各方的管理权责和利益分享机制，坚持合力推进的原则，协调各方力量，整合各种资源，明确责任主体，深入探索城乡一体化的建设模式、管理模式、协作模式和利益联结机制等，加大对城乡一体化项目的资金和金融支持，制定鼓励社会资本投入的政策措施，为城乡一体化发展提供更加坚实的保障。

要进一步探索建立城乡公共服务均等化和农民社会保障的广覆盖、多层次、可持续发展机制，密切政府和企业的协作，健全农民城镇化社区教育、文化、卫生服务，完善最低生活保障、医疗保障、养老保障、失业保障等农民社会保障体系。通过完善公共服务和社会保障，确保土地城镇化、农民城镇化无后顾之忧，探索建立以工促农、以城带乡的一体化长效机制，实现真正、完全的城乡一体化。

四、探索土地资源高效利用模式

2014 年中央一号文件指出，"在落实农村土地集体所有权的基础上，稳定农户承包权、放活土地经营权，允许承包土地的经营权向金融机构抵押融资。"土地是城乡一体化的关键，要在农村土地承包经营权确权登记的基础上，探索土地资源高效利用的方式与途径，由单纯在耕地上想办法到面向整个国土资源做文章。要建立健全专业合作社，按照依法、有偿、自愿的原则，坚持通过合作社有序开展土地流转。加强农村宅基地的复耕，利用耕地存量收益权，创造耕地指标出售收益；盘活农村集体经营性建设用地，探索土地经营权的抵押融资模式。要坚持集约、节约使用土地资源，保护生态环境，保障城乡一体化的可持续发展。通过土地资源的高效利用，为城乡一体化建设提供充足的土地、资金等保障。

第四章 返乡创业带动型城镇化：固始现象

第一节 理论依据——分子能量跃迁

20世纪80年代末期，全国范围内出现了传统农区大量劳动力外出务工的"民工潮"现象，外出务工在促进了务工地的经济发展同时也带动了传统农区的城镇化发展。本章以河南固始为例，对外出务工及返乡创业如何带动传动农区的城镇化道路进行分析。

借鉴物理学中的能量概念，以分子能量类比本章中涉及的"能量"，分子能量可以认为是分子的整体运动能量和分子内部运动的能量之和。具体以劳动力类比为分子，"能量"定义为劳动力在外出务工过程中获取的各种资本积累，如人力资本、物质资本、社会资本等。人力资本特指外出务工者在打工过程中的技术、管理经验等各种知识的积累；物质资本指务工者本身收入积累和回乡创业后从外部引进的资金；社会资本指外出务工者在打工当地的积累的各种人际关系和回乡创业后在家乡重新建立的网络关系，社会资本的发展在一定程度上取决于人力资本的发展。

在分子和能力的基础上，用分子能量跃迁过程比拟劳动力外出务工和返乡创业过程（图4-1），分子获取能量的过程相当于劳动力外出务工的过程，而分子能量的释放则相当于劳动力返乡创业的过程。在能量跃迁过程中，分子在没有获取能量之前处在低能量较稳定的基态，只有当获取一定能量后，才能从低能量较稳定的基态发生跃迁，变为高能量的偏离稳定状态的激发态。由于能量差的存在，能量从高能量的激发态分子传递到低能量的基态分子，且能量在传递过程中受分子间的距离、温度等各种因素的影响。

劳动力外出务工之前生活水平较低，且缺乏资本和技能等，相当于分子能量跃迁过程中的低能量较稳定的基态。外出务工后，由农村进入城市，并在城市中积累物质和人力等各种能量，当各种能量积累到一定程度时，可以看作是由低能量较稳定的基态跃迁到高能量的偏离稳定状态的激发态，此时，外出务工人员与农村原始劳动力之间就形成了能量差。当外出务工劳动力返乡创业后，由于能量差的存在，返乡创业者积累的各种能量传递到农村原始劳动力，而他们之间的亲缘、血缘和地缘关系就好比分子能量变迁过程的分子间的距离和温度等因素。

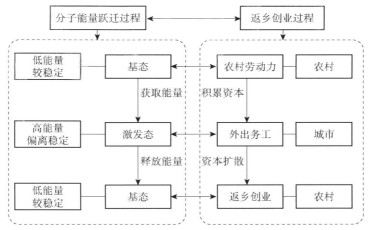

图 4-1　分子能量跃迁过程返乡创业过程类比

分子能量跃迁过程与劳动力外出务工和返乡创业过程极为相似，但存在相似性的同时也存在一定差异性。在分子能量跃迁过程中，随着能量的减少，由高能量的偏离稳定状态的激发态变成了低能量较稳定的基态，而回乡创业过程中，发生能量传递后，回乡创业者本身能量并未减弱，回乡者对家乡的作用具有扩散效应。

此外，本章中对城镇化的界定和理解做了相应的阐述和说明，对城镇化的界定不同学科有着不同的表述，但主体含义大致相似。本章所论述的城镇化是指一定区域内，实现生产空间由农村转变为城市、就业方式由农业转变为非农业，最终实现身份由农民转变为市民的发展过程，其中生产空间和就业方式的转变是身份转变的基础。

第二节　固始现象

一、固始概况

固始文化底蕴浓厚，有"唐人故里·闽台祖地""中原第一侨乡"之称，位于东经 115°21′~115°56′，北纬 31°46′~32°35′，河南东南部，是河南首批五个重点扩权县，全省十个省管县之一。固始地处豫皖两省交界处，北邻淮河，南依大别山，县域面积 2916 平方千米，辖 30 个乡镇、3 个街道办事处，2015 年，人口为 170 万人，GDP 为 270 亿元，是河南第一人口大县、第一农业大县、国家扶贫开发工作重点县、国家级生态示范区、国家现代农业示范区、国家级绿色农业示范区，地形地貌多样，山区、丘陵、平原和湿地兼备，连续多年被评为"全国粮食生产先进县"。

二、劳动力外出务工现状

固始的劳务输出发源于 20 世纪 80 年代初。当时因为穷，广大农民无路可走，改革开放的大环境为农民提供了生存与发展的空间，纷纷被"逼"上外出打工的道路。与此同时，县委、县政府注重引导，开始尝试有组织地输出，早在 1984 年该县沙河铺乡就组织 100 多名女工去广东中山市棕章毛纺厂务工，当年年底《人民日报》头版以《固始百名姑娘下广东》为题，对这个新生事物进行了宣传报道。在此后的 30 多年间，固始采取政府组织与农民自发相结合的办法，劳务经济逐步做大，2015 年，全县常年在外创业务工人员达 50 多万人，几乎占全县总人口的三分之一。

一般来说，固始县外出务工大致经历了盲目阶段（1984～1988 年）、有序阶段（1989～1996 年）、间接有序阶段（1997～2003 年）和回乡创业阶段（2004 年至今）四个阶段。2008 年以来，随着国家宏观政策的调整、沿海产业的升级，再加之内地与沿海城市工资水平差距越来越小，从而使部分外出人员返乡就地就业在逐年增加，新增外出劳动力主要为低年龄组（包括大中专毕业生），无论是绝对数量，还是相对比重都与返乡人员均趋于平衡。总体上，固始县外出务工具有以下特点。

（一）外出务工人员北移速度加快

固始外出务工人员最早集中在江浙一带，集中在广东的最多。2008 年以来，受南部沿海地区产业升级和转移力度加大，企业用工出现结构性调整，工资增长缓慢，对务工人员的吸引力逐渐减弱，在南方地区务工人员中有 20% 的人因为工资太低或认为没有什么前途等离开当地，向长三角或北京等发达地区转移。

（二）外出务工人员消费观念发生较大变化

过去务工挣钱是为了带回家建房、养老、供子女读书。因此，他们省吃俭用，往往带回大部分收入，最高年份能达到收入的 80% 左右，随着国家对农民工政策的逐步改善，如就医能享受同等待遇，教育正逐步争取到与当地人员的同等政策等。现在，有 60%的人已经接受城市文化和生活方式，收入主要用于自己的吃穿住行，除回乡办企业外，带回家的收入逐年减少。

（三）外出务工人员融入城市的步伐加快

随着社会大环境的变化，外出务工人员的乡土观念发生了很大变化，融入城市的步伐逐渐加快，主要表现如下：其一，外出务工时间延长，举家外出比重增大。其二，务工人员素质提高，职业稳定程度增强，一部分外出务工人员在打工中学习，在培训中成长，努力提高自身素质，逐步成为受企业欢迎的中下层管理人员和技术人员，企业把他们留下来的意愿强烈；另一部分外出务工人员在资本积累达到了一定程度后自主创业，在输入地买房、上学、经营，拥有了固定的住所和职业，流动性大幅减弱，实际上已融入务工所在地的城市生活之中。

（四）外出务工人员的回归趋势渐强

固始外出务工人员遍布全国各地，掌控着一定资本、技术、信息、管理等生产要素，蕴藏着巨大的创业潜力。近年来，固始大力推进回归工程，优化经济发展环境，积极鼓励外出创业成功人士回乡投资兴业。同时，随着国家各项惠农政策的相继出台，从事种植业、养殖业及相关产品的加工、销售等行业收入已相当客观，与外出务工收入差距逐步缩小，甚至反超，也大大加快了外出务工人员的回归速度。

三、外出务工分析

（一）外出务工的原因

传统农区劳动力外出务工是发展过程中普遍现象，在很多国家和地区都出现过。固始是河南的传统农区之一，传统农区生产技术落后，加上人口众多和资源贫乏，人均资源禀赋和人均收入均较低。由于地理位置、资金技术等外界因素影响的不同，各农业部门的产出有差异，总体上都已解决温饱问题，但人均收入增长缓慢，无法满足传统农业部门劳动力日益增长的物质文化需要，因此传统农区劳动力外流是大势所趋。特别是 1996 年第二轮农村土地承包后，人口的增长和家庭小型化使得每个家庭经营的耕地面积更小，这样的状况已经不能满足家庭的收入增长和劳动力的就业要求。这时候，劳动力外出务工在一定范围和程度内解决了这一问题，外出务工创造了大量的务工岗位，且收入远远高于在家务农。

此外，80 后的农民外出务工的意愿尤为强烈，他们受教育年限普遍要比父辈要长，等他们离开学校走向社会的时候，家里根本没有需要耕种的土地，而依然小规模零碎化的土地经营也让他们看不到希望，其父辈也不希望他们也依靠这几亩地生存。同时，他们的成长和教育经历，使得他们情感上已经疏离了农业，对土地的依赖很淡漠，他们面临的是快速工业化、城镇化、信息化的社会环境，就业方式增多，收入差距拉大，非农务工成为这一代农民的首选。总之，无论是从个体态度还是从群体数量，农村 80 后已经不再考虑在家从事农业经营，外出务工成为他们职业选择和追求生活状态的唯一途径。

进入城市后，生产生活空间由家乡的农村转变成了务工地的城市，生产由传统自给自足的农业部门进入合作生产的工业部门，就业方式发生了由农业向非农业的根本性转变。在长期现代工业和城市文明的熏陶下，务工人员思考和看待问题的方式也发生了改变，对传统农村的生活和生产方式逐渐淡忘，一年中在城市生活的时间远远超过在家乡农村的时间，基本上是融入了城市，收入提高的同时个人各方面的技能和能力也得到了提升，身份更多的是由农民转化为市民。在外出务工的农民中已有小部分人经过自己的打拼在城市里落户变成城里人，在流入地实现了城镇化。

（二）外出务工的影响

为了分析外出务工对其自身的影响，课题组对外出务工人员进行了问卷调查。在外出务工的原因中设置了 A 种地收入低，外出挣钱；B 受亲戚朋友外出务工的影响；C 想去大城市看看；D 农活不需要过多劳动力，在家闲暇多；E 向往城市生活；F 偶然因素；G 其他七项。经过统计（表 4-1），A 是外出务工的主要原因，占到 43.3%；其次是 B，占到 20%；再次是 E，占到 13.7。总体来说，种地收入低是外出务工的主要原因，其次是受亲戚朋友外出务工的影响，向往城市生活排第三。

表 4-1 外出务工的原因

外出原因	A	B	C	D	E	F	G
比例/%	43.3	20	3.3	6.7	13.7	6.7	6.7

在资本方面包括物资资本、人力资本和社会资本（表 4-2）。物质资本方面，93.3%的外出务工人员有所提高，其中提高很多的占 46.7%；社会资本方面，90%的外出务工人员有所提高，其中提高很多的占 46.7%；人力资本方面，95%的外出务工人员有所提高，其中提高很多的占 43.3%。说明外出务工使得各种资本得到了大幅度提高，有利于资本的积累，在一定程度上可以弥补农村农业生产的不足，为今后的返乡创业奠定了资本存量。

表 4-2　外出务工人员物质资本、社会资本和人力资本的变化

项目	物质资本		社会资本		人力资本	
	提高很多	提高	提高很多	提高	提高很多	提高
比例/%	46.7	93.3	46.7	90	43.3	95

此外，长时间的在外务工，现代的城市文明和市场经济对外出务工人员的影响无处不在，从基本的生活方式到思想观念及对国家政策和市场规律的理解都发生了根本性的变化。生活方式方面，只有不到四分之一的人认为外出务工对自己的生活方式没有改变，在这不到四分之一的人群中，城镇户口占据了 57.1%，而按照传统的城镇化的定义，这部分人已经完成了城镇化，其生活方式基本上也保持着城市生活方式，所以外出务工对自己的生活方式并没有产生影响。而在剩余的 42.9% 的人群中，文化程度达到高中以上的 80 后又占据了 66.7%，较长的受教育年限，使得他们或多或少地养成了城市的生活方式，总体来说，外出务工改变了外出务工人员原本的农村生活方式。

处理和看待问题方式方面，96.7% 的外出务工人员认为有所变化（表 4-3），在有所变化中，其中 36.6% 的外出务工人员变得更加理性，20% 的外出务工人员变得更加合理，16.7% 的外出务工人员变得更加客观，10% 的外出务工人员变得更加经济性，变得客观和理性及合理和理性的外出务工人员均为 6.7%。分析可以看出，外出务工使得外出务工人员在处理和看待问题方式方面变得更加理性和合理，与长期农村传统自给自足的农业生产时的盲目性有所差别，更多的是运用城市文明的思维方式去思考问题和解决问题。

表 4-3　外出务工人员处理和看待问题方式的变化

项目	理性	合理	客观	经济性	客观和理性	合理和理性	无变化
比例/%	36.6	20	16.7	10	6.7	6.7	3.3

思想观念方面，96.7% 的外出务工人员认为外出务工使自己的思想观念都产生了变化（表 4-4），外出务工使他们开阔了眼界、解放了思想。在开阔了眼界和解放了思想后，90% 的外出务工人员对国家政策和市场规律的理解也随之发生了变化（表 4-5），这一现象在返乡创业的人群中更加明显，对国家政策和市场规律的理解变化有利于他们对市场的把握，进而有利于返乡创业后对企业的管理和运行。

表 4-4　外出务工人员思想观念的变化

项目	思想更解放	眼界更开阔	想法更多	两者以上	全有	无变化
比例/%	20	50	6.7	13.3	6.7	3.3

表 4-5　外出务工人员对国家政策和市场规律的理解

项目	更加透彻	更加理解	更加懂得	更加透彻理解	无变化
比例/%	20	43.3	20	6.7	10

种种迹象表明，外出务工对他们各方面的影响，突破了传统小农思维模式的束缚，与传统封闭的自给自足的农业生产时的生活方式和思想观念形成了鲜明对比，变得更加现代化和理性化。人们的思想和观念更多的是现代的城市文明和市场经济的思维方式，与之对应的农村传统的各种生活方式和思维方式都在慢慢淡化。

四、返乡发展

外出务工人员经过多年的打拼，有了一定的资本积累，同时具有先进的城市文明和工业文明的思想观念和思维模式，在各方面因素共同作用下，纷纷返乡发展。2005 年至今，固始县累计回乡就业创业人员达 12 万人次，其中创业人数高达 49 000 人，占外出务工人数的 10%左右，他们带着资金、技术、信息和先进的管理理念回到家乡，在家乡创业发展。图 4-2 中，返乡创业人员主要集中在种植业、养殖业、城镇建设和办企业，也有少数返乡人员从事村区干部的工作，为家乡带回来了新的发展理念。而在资金投入方面，城镇建设和办企业最为明显，占总投入的 80%以上，其次是一些交通、水利等基础设施。

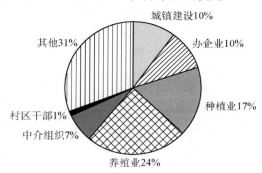

图 4-2　返乡创业的主要领域

（一）返乡发展的原因

固始常年在外务工人数达到 50 万人，大多数农村劳动力还是选择外出务工，返乡创业的比例仍然相对较少，故这里重点探讨返乡创业的原因。

1. 外界因素的倒逼

客观上讲，随着形势不断发展，在外创业的空间越来越小，如场地、用电、用水和劳动力等资源的制约逐步加大，创业的成本逐步增高，农民工返乡创业的趋势逐步变强。一是城市一些劳动密集型行业的就业吸纳能力下降，农民工在城市的就业难度加大，推动着一部分有条件的城市务工人员返乡创业；二是"互联网+"战略加速推进，电子商务高速发展，使得区域位置的影响逐步弱化，为农民工返乡进行第二、第三产业的创业提供了广阔空间；三是农村劳动力依托农村专业合作社和农村电子商务的快速发展，返乡从事农业方面的就业创业的积极性大大增加。

2. 政府推动和宣传

固始是河南第一人口大县，人多地少，既没有强大的工作基础，也没有更多的自然资源。根据这一特点，劳务经济被固始定位为"三大支柱产业"之一，为此，固始政府集中力量引导劳务经济向纵深发展，加快外出回乡创业步伐，同时加大资金支持、优惠政策实施力度及建立企业诚信制度，对回乡创业人员高看一眼、厚爱一分，在社会上给声誉，用家乡情感化外出务工人员。调研发现，固始连续每年开展"创业奖""奉献奖""特别贡献奖"评选活动，每届评出 20 名"创业奖""奉献奖""特别贡献奖"，获奖人员的巨幅照片以灯箱广告的形式悬挂在县城蓼北路两边，与此同时，政府在秀水公园开辟了创业园，将每届获奖者名字以书碑的形式永久保存下来，以增强他们的影响力和带动力。

在家乡的召唤下，一大批成功人士带着先进的理念、高新技术、成熟的经验、充足的资金等纷纷返乡，为反哺家乡回报故里大显身手。例如，固始居一机械有限公司总经理杨恒国，固始县郭陆滩镇前楼村人，1986 年初中刚刚毕业的他，先后外出到温州、广东等地打工，跟着台湾成形机师傅学习冷墩机操作技术。经过多年资本的原始积累，杨恒国于 1995 年 1 月～1999 年 12 月在温州开办"大华模具厂"，2000 年 1 月～2013 年 1 月在杭州萧山设立并经营"杭州奥峰五金机械有限公司"，2009 年 9 月，杨恒国决定响应固始县委县政府的号召，回乡建厂创业，并于 2011 年 10 月在固始产业集聚区注册"固始居一机械有限公司"，并将原企业进行了产业转型。

3. 文化引领和驱动

从历史发展过程看，固始作为数次中原人口大规模南迁的汇聚地和出发地，形成了其独特的地域文化。作为南迁汇聚地和出发地的固始，首先接受的是中原文化，虽然处在江淮之间的地理位置受到了荆楚、吴越文化的影响，但并不会动摇中原文化的根基，多种文化作用构成了固始以中原文化主导的独特地域文化。而中原文化的基础是以孔孟思想为代表的儒家文化，在儒家文化长期影响下，儒家文化成为大多固始人潜意识中固有的价值观和行为规范。不管是在外务工的普通固始人还是外地成长起来的固始老板，受儒家文化"忠""孝"伦理观念的影响，表现出对群体中那些与自己血缘或地缘关系最近的群体事务或利益更加关注，从而表现出愿意为血缘或地缘关系最近的群体服务和奉献。

在这种文化引领和驱动下，固始人怀着对家乡的感情，纷纷回乡创业。例如，固始三利郎肯节能装备制造有限公司董事长周中武，固始县汪棚镇常岗村人，家中兄妹 6 人，年少时因为家庭贫困，16 岁被迫辍学，经过多地辗转打拼，2000年开始返乡创业，经过将 10 多年的努力，成立了三利郎肯节能装备制造有限公司，解决了当地 230 多个就业岗位。还有固始县中原农业生态科技专业合作社理事长高学发，固始县李店乡杜营村人，2010 年他放下在广东深圳拼搏了差不多 20 年的事业，只身前往山东、云南、河北等地，努力学习和研究现代化农业种植技术，发展绿色农业种植，希望早日回家乡发展农业，带动家乡人民致富。2013 年回到让他时刻想念的家乡并开始追寻他的梦想，他在张老埠乡薛桥村创办了固始县中原农业生态科技专业合作社。2015 年，该合作社已流转土地 1100 余亩，投资 2000多万元，已有 40 户农户入股合作社，已建成了 568 亩的水肥一体现代化喷灌标准蔬菜园、100 亩的温室大棚、500 多亩的一般标准化园区。像这种心系家乡回乡创业的事迹和人物在固始大地遍地开花。

（二）返乡创业后的资本扩散及效应

外出务工人员返乡创业后，将在外务工过程中积累的各种资本在家乡通过各种途径向外扩散，并产生了一定了效应（图 4-3）。

1. 人力资本的扩散及效应

人力资本的扩散主要是通过空间布局和产业价值链两方面进行。空间布局上，除了从事农业相关行业的创业外，其他行业大多分布在县城或工业园区，较少分布在乡村或集镇。不管空间上的分布如何，根据地理学中的空间邻近性原则，企业周边的村庄是人力资本扩散的首选，企业的用工来源就是最好的证明。在课题组对返乡创业企业用工调查中，73.3%的企业用工全部来自企业周边农村。返乡创业企业的到来，使得原本在农村田头地头劳作的农民进入了企业车间，使得生产空间发生了由农村向城市的转变。人力资本在产业价值链上的扩散主要是由返乡创业的行业特征所决定，还有一些劳动密集型产业根据行业生产特点将生产环节进行细化分解，进而将细化分解的生产环节分布在不同的空间场所，人力资本随着生产环节在不同空间场所的布局而产生转移。例如，本章中的纺织品生产，根据生产环节的特点，将生产过程中设备成本较低的织片、缝盘、挑撞等环节便分解到小规模企业或农户家庭中进行。

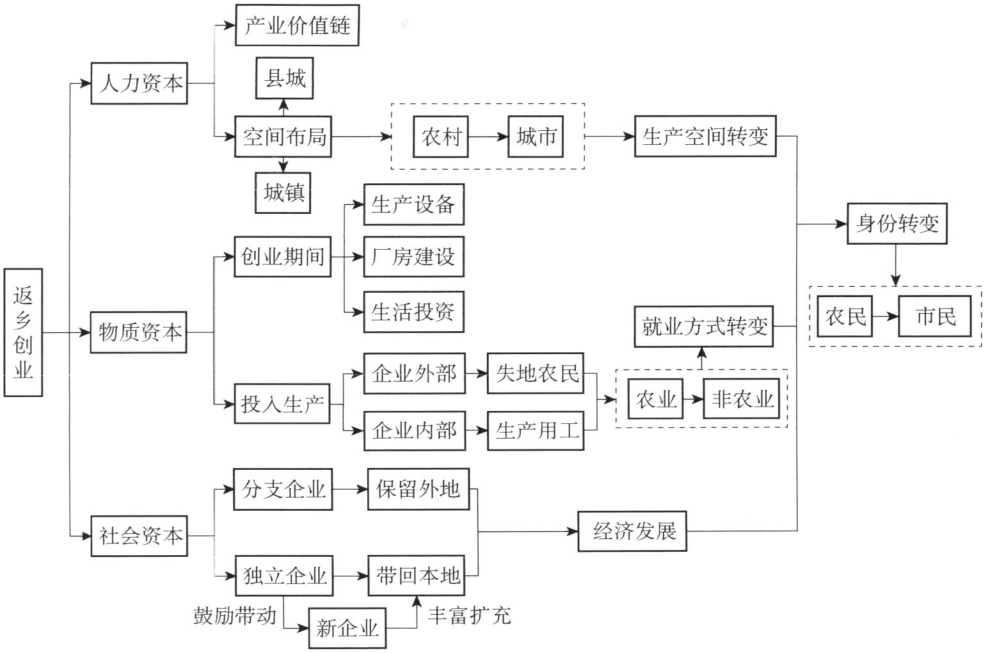

图 4-3　返乡创业资本扩散及效应

以课题组随机抽查调研的返乡创业企业为例（表 4-6），企业类型中以制造业为主导，其次是其他行业，而其他行业主要包括水产养殖和农业加工业，服务业也相对较多，且返乡创业的企业规模和订单规模也是以小型企业和零散小订单为主（表 4-7）。返乡创业的企业类型和规模决定了只有较少数人力资本通过产业价值链的扩散，即大多数人力资本是通过返乡创业企业的空间布局实现扩散，说明了人力资本扩散的直接效应就是使生产空间发生了由农村向城市的转变。

表 4-6　返乡创业企业类型表

项目	制造业	建筑业	服务业	其他行业
比例/%	53.4	2.2	11.1	33.3

表 4-7　企业规模及订单规模情况

项目	企业规模		订单规模	
	中型	小型	集中的大订单	零散的小订单
比例/%	37.8	62.2	30.2	69.8

2. 物质资本的扩散及效应

物质资本的扩散包含返乡创业期间物质资本的扩散和企业投入生产后的扩散。物质资本在返乡创业期间的扩散具有较强的相似性，大部分资本用于购置生产设备和厂房建设，只有少数扩散到生活设施投资方面，而企业投入生产后的物质资本扩散，较返乡创业期间差异大，且相对复杂。

企业投入后资本的扩散又包括企业内部的扩散和企业外部扩散，企业内部的扩散主要指企业员工的工资，回乡创业的企业大部分用工来自本地农民，通过物质资本在企业内部的扩散增加了员工收入。企业外部扩散主要指对企业周边失地农民的扩散作用，周边失地农民失去土地后，所从事的生产活动发生了改变，由原本的农业生产变成了从工或经商的非农生产。也就是说，企业投入后的资本扩散使得员工或失地农民的就业方式完成了从农业向非农业的转变。这种转变，一方面打破了原本粮食和蔬菜的自给自足的局面，进而在一定程度上影响当地粮食和蔬菜等的生产和消费，从而促进经济发展；另一方面，提高了员工或失地农民融入市场经济的程度，有利于城镇化的发展。

3. 社会资本的扩散及效应

社会资本的扩散在一定程度上取决于返乡创业的企业生产特点。如果返乡创业的企业是某总部下面的分支企业，与总部保持必要的联系是该分支企业赖以生存的前提条件，而由于总部一般都不在本地，所以这种必要的联系，对返乡创业的社会资本扩散作用不是很明显。只有当返乡创业的企业生产相对独立，即从开始的原材料或半成品到后期的产品销售都是由企业自行决定时，社会资本的扩散才真正开始。返乡创业者将原本在外务工的各种客户人际关系网络带回家乡，而返乡创业活动一般具有示范带动效应，以我们调查的返乡创业者为例，90%以上的返乡创业者鼓励或带动身边本地人创业，这种新的创业活动带动有利于区域的整体发展，同时丰富和扩充了原来的人际关系网络。

现实中，社会资本的扩散受空间距离的影响比较大。返乡创业者返乡后能否真正有效利用原务工地的人际网络关系存在着一定变数，返乡创业者很难把握或维持这种关系。一方面，返乡后增加了原务工地的距离，虽然各种通信设备比较发达，但是面对面交流仍然相当重要。另一方面，返乡创业者在打工地发展较好，能够结识所从事行业中的高层人员，但是返乡创业后随着空间距离的增加无法面对面的交流时，还能否利用这些关系取决于返乡者的自身能力。

返乡创业各种资本的扩散对当地产生了各方面的影响，其主要表现在促进了当地经济发展要素的质量及数量；带动更多的返乡创业者，为农村剩余劳动力提供了新的就业岗位，促进了农民就业本地化；带动了农村发展，特别是贫困农户和家庭的发展；提高了固始同外界的联系，加快了固始县的工业化和城镇化进程。

（三）返乡创业成效

固始的返乡创业者通过返乡创业在提升其自身的经济地位和社会地位的同时，还促进了固始县工业化、城镇化和农业现代化的发展，激活了县域经济，优化了县域经济结构，工业经济和商业得到了稳步发展，传统的农业结构也得到了一定改善，具体表现如下：

1. *工业经济迅速崛起，初步形成产业集群规模*

进入 21 世纪前，固始的工业经济几乎十分薄弱。近年来随着外出创业农民返乡投资兴业，固始工业经济迅速崛起，发展势头强劲，城乡工业遍地开花。在浙江温州创业的郭陆滩镇农民张义华带领该乡 29 位农民返乡创办中原水暖器材城和南大桥乡金桥水暖器材城，2015 年两大水暖器材城回归企业达 100 多家，总投入资金近 3 亿元，吸纳农村剩余劳动力 3000 多人就业，年产值近 5 亿元，初步形成了产业规模。早年在苏州银针厂创业的张庙乡农民周学生、孙开明回乡创办银针厂，采用"公司+农户"的生产模式生产加工银针半成品，生产规模不断扩大，并带动周边几个乡镇，银针加工企业已发展到 20 多家，年加工银针半成品 8 亿支，占全国生产总量的 70%以上，初步形成了以张广镇为中心的银针半成品加工生产基地，带动 5000 多留守在家的农村剩余劳动力就业。早年在安徽柳编厂务工的三河尖乡青年农民万正和、陶丽华，回乡后利用当地柳条资源兴办柳编厂，带动沿淮乡镇 10 多万人从事柳编产业。2015 年沿淮乡镇大小企业 100 多家，有 14 家拥有外贸自营出口权，柳编产品开发品种 1 万多个，产品远销 86 个国家和地区，年出口创汇 3000 多万美元，2005 年三河尖乡被国家工艺美术协会命名为"中国柳编之乡"。更重要的是，不仅固始出生的外出打工而创业成功人士返回固始，而且固始籍贯的"老"固始人（根亲）也"返回"固始投资，从而带来产业转移。

2. *促进了城镇建设，加快了城镇化进程*

2000 年固始县城仅 19.6 平方千米。近年来，由于大批在外务工农民返乡投资，初步以 312 国道、204 省道、蓼北路、蓼城大道两横两纵，形成"双十字交叉"的格局，拉大了城市框架，全县城镇建设日新月异，每年以 20 多亿元的规模投资城镇建设。2015 年，县城框架已拉大到近 50 平方千米，建成区面积近 40 平方千米，常住人口 30 多万人；农村集镇建成区面积达 65 平方千米，常住人口 29 万人；全县有 12 个乡镇被确定为国家、省、市重点镇和综合改革试点镇。城镇建设的迅猛发展，劳务经济功不可没，70%的城市建设资金都来自于返乡创业者，可以说是外出创业人员建起了一座区域性中心城市。曾荣获 2006 年度"全国农村新闻人物"、年仅 30 岁的在京创业青年农民王刚，2004 年返乡创业投资创办永和高级中学。

3. 提升了农业产业化水平，加快了农业现代化进程

一方面，大量农村劳动力外出，造成人地分离，使该县有条件进行农业资源优化组合，进行农业结构优化升级。目前固始农村，主导产业和优势产业并进，适应性种植与对抗性种植并举，特色产业和绿色产业并举，种植业和养殖业并举，产业布局更加合理。叶长明，陈淋子镇人，1983 年获农学学士学位后在信阳农业高等专科学校任教。此后，他继续深造，1994 获得理学博士学位后在中山大学从事教学、科研工作，2003 年起先后在美国俄克拉荷马州立大学和孟山都公司工作，长期奋斗在中美农业和生物技术的前沿，取得一系列国内国际领先成果。2012 年，他毅然辞去孟山都公司华南地区大区经理的职务，回到固始，与朋友一起创办河南万德兰生物科技有限公司。目前生态园已初具规模，示范带动效果开始显现，参观学习的人们络绎不绝，叶长明也得到河南省外国专家局的国际人才合作计划资金支持。2004 年，固始在农业方面获得了"全国粮食生产先进县""全省畜牧大县""水产十强县""农业标准化示范县""中国果菜无公害科技示范县""全国食品工业强县"等荣誉称号。

另一方面，固始返乡创业这一群体中近 50% 的人选择了从事农业种植业和畜禽、水产养殖业及深加工产业。他们把外出务工积累起来的资金投入农业，引进先进理念搞规模、集约经营，建立农村专业合作经济组织，推广优良品种和农业科学技术，购置大型农机具，引导农民科技种田、科技致富。返乡青年王章春，1988 年返乡承包祖师庙乡仰天洼茶场，组建河南仰天雪绿茶叶有限公司。"仰天雪绿"茶叶通过国家"有机茶"认证，被评为"河南十大名茶"、获国际茶博会、世博会金奖，并通过了 ISO9001 国际质量认证，产品获进出口资格证书，茶农收入大幅提高。洪埠乡返乡农民张树林投资 500 万元，在固始注册了朝阳林业开发有限公司，协商转包撂荒地近万亩，栽插一级速生杨 50 万株。胡族铺镇返乡农民陈建中，回到家乡搞网箱养鳝，在他的带动下全村宜渔水面全部养上了黄鳝，并且辐射到周边几个乡镇。一大批返乡农民通过投资农水建设，开挖大塘，进行树、禽、鱼综合立体科学养殖。1000 多名外出返乡农民，通过对务工地市场行情的了解掌握，在全县各乡镇创办农村合作经济组织，培育农民经纪人，提高农民市场化、组织化程度。柳树店乡返乡农民，组织菜豆生产协会，有组织地把当地特产菜豆销往南京、上海、苏州、杭州等大城市，城郊、观堂等乡镇外出返乡农民组织养猪协会把固始生猪销往全国各地。在北京务工的蒋集镇青年农民蔡保国，把家乡绿色蔬菜——萝卜、黄心菜、小分葱等卖到北京。

第三节　固始返乡创业经验总结

通过固始的案例，我们清晰地看到一种传统农区城镇化的基本模式。固始既无可开发利用的特殊资源，资本积累和外部资本流入也不明显，加上远离现代工商业中心城市，但以传统家庭为基本单元的自给自足的自然农耕文明经济及社会结构较稳定，其城镇化道路过程可以依靠外出务工及返乡创业逐步实现。早期固始人从故土来到城市打拼，在打拼多年后，有的成为老板或有了一定的资本积累，在经济驱动力、社会驱动力和文化驱动力等驱动力的共同作用下，又回到曾经的故土创业，并产生各种社会经济效应，从而推动了生产空间的转变、就业方式的转变到最后的身份转变，最终实现了就地城镇化。

一、经济驱动力

固始是传统农区，各种原因导致了传统农区的农民人均纯收入要远低于城镇居民人均纯收入，这使得广大农区农民有增加经济收入、提高生活水平、改善居住环境的欲望。大多数农民之所以选择外出务工，本身就是为了增加收入、开阔眼界、学习技术，从根本上来说还是出于经济收益方面的考虑，希望获得比农村更高的经济收入。但是，随着外出务工地的经济形势不断发展变化，特别是伴随着金融危机和沿海地区生产生活成本的不断增加，农民外出务工的生活成本越来越大，在外创业的空间越来越小，在大城市经商办企业困难越来越多，如场地、用电、用水和劳动力等资源的制约逐步加大，创业的成本逐步增高，而家乡的各方面环境又越来越好，所以当他们学习了技术、开阔了眼界之后，通过各方面的成本与收益进行对比，发现"回归"是最好的选择之一。

二、社会驱动力

促使外出务工人员返乡创业的驱动力不仅仅只是出于经济方面的考虑，还有对地位、尊重、成就等社会性的需求。外出务工虽然收入较在农村上有所提高，但始终是处于给人打工的地位上，经常会受到排挤和轻视。而且外出务工大多是以临时工的角色受雇于他人或某个机构，生活并不稳定，频繁流动。外出务工就意味着远离家人和朋友，以放弃友谊和亲情为代价来换取相对较高的经济收入。因此，从这些因素出发，在亲情和乡情的作用下，外出务工人员有返乡创业的愿望。加上在外出务工期间，在现代工业文明和现代城市文化的熏陶下，外出务工人员开拓了眼界、掌握了技术、积累了的资本，一部分外出务工人员的思想就发生了变化，不再满足于单纯增加收入，而是希望取得一定的成就，获得名誉和地位，被人尊重。对外出务工人员来说，要在务工地进行创业，将要面临极大的困难和阻碍，只有少数务工人员能做到，他们中的大部分将目光重新投向农村。返乡创业的成本相对于城市会小一些，而且对返乡创业者来说，其可利用的资源也更多，所以部分农民工有意愿重新返回家乡，以自己掌握的技术和经验，利用创业机会去开创一份自己的事业，满足返乡农民创业者自身的社会性需求。

返乡人员基于个体的经济性需求和社会性需求产生了创业的念头之后，并不一定就会去创业。创业者还需要分析外部的其他因素，之后才会将自身拥有的资本和创业机会结合起来去创业。返乡人员是否选择回乡创业，其自身的经济性需求和社会性需求只是导致其选择创业的一方面因素，返乡人员还要考虑分析外部的制度体制的影响、相关政策措施的影响和就业压力等其他因素，然后才会做出返乡创业的决定。

三、文化驱动力

从历史发展过程看，固始作为数次中原人口大规模南迁汇聚地和出发地，形成了其独特的地域文化。作为南迁汇聚地和出发地的固始，首先接受的是中原文化，虽然地理位置处在江淮之间受到了荆楚、吴越文化的影响，但并不会动摇中原文化的根基，多种文化作用构成了固始以中原文化主导的独特地域文化。而中原文化的基础是以孔孟思想为代表的儒家文化，在长期儒家文化长期影响下，固始人也逐渐理解和接受儒家文化，儒家文化成为大多固始人潜意识中固有的价值观和行为规范。

儒家文化倡导的理念是"入世"，即关心国家大事，关注民生，这种理念对普通人来说，就是为社会、为公众做事，在社会中施展自己才干的欲望。在这种文化的熏陶下，固始人都想做点事，在这种价值观作用下，固始外出务工人员不仅仅停留在打工挣钱层面，而是想着自己当老板，想通过打工来改变自己的身份，由被管理者变成管理者。在外地成长起来的固始老板，受儒家文化"忠""孝"伦理观念的影响，表现出对群体中那些与自己血缘或地缘关系最近的群体事务或利益更加关注，从而表现出愿意为血缘或地缘关系最近的群体服务和奉献。这种"忠""孝"伦理观念在固始当地主要体现在对家庭成员的责任、服务于自己祖居地居民的意识和服务于地方区域发展三方面。

第四节　固始返乡创业存在的问题

上述分析说明返乡创业是推动固始城镇化、工业化和农业现代化发展的关键。然而在现实过程中，由于资金的缺乏、自身水平、政策和技术等多种原因，固始的返乡创业的发展仍然存在一些困难和问题，直接制约或影响了城镇化、工业化和农业现代化的推进。

一、资金不足，缺乏金融支持

资金问题是返乡创业中遇到的一个非常突出、极为普遍而又难以解决的难题。据调研发现，返乡创业中只有 7%～10% 的人通过在外务工完成了资本的原始积累，具备了创办各种企业的能力，而大多数外出务工者则心有余却力不足。调研结果显示：在返乡创业的资金来源总额中，80% 以上的人其自有资金只能占到一半左右或者更少，创业所需资金存在很大缺口。如果能得到外界的资金支持，将极大地激发他们的创业激情。由于缺乏抵押、没有规模，一些金融机构不愿投入。而在制约农民创业贷款的因素中，贷款担保难是另一个最突出的原因。目前为农民提供担保的主体主要是村级集体经济组织，多数村因害怕承担连带责任而拒绝为农民贷款提供担保，同时农户之间联户担保在实际操作中也极难推行。

二、返乡创业的后劲不足

返乡创业者在外务工期间受到发达地区经济、社会、文化和思想观念等各方面的熏陶，其能力有所提高。但是由于返乡创业者大多只有初中甚至是小学文化，高中及以上文化程度所占比例较小，"先天"不足导致其对市场经济的理解和市场规律的把握往往会出现偏差，导致返乡创业者创业后普遍面临着经营理念、企业管理、产品研发、技术创新、市场开拓和制度建设等方面的困境，无法应对创业的考验。返乡创业选择项目时由于缺乏市场和科学论证，也会做出不切合经济发展规律和市场需求的决策与判断，短期行为较重，缺乏长远眼光，经营管理水平低，产品市场竞争力和抗风险能力不强，企业发展后劲明显不足。在我们调研过程中，就发现返乡创业的企业存在一定比例的关闭、倒闭现象。

三、返乡创业项目单一

返乡创业所选择的行业领域大多有两类，一类是他们在外务工时所从事的行业领域，另一类是根据家乡资源特点选择的行业领域。前者，由于在同一地域的农民外出务工时的工作很多是通过亲缘地缘关系寻找的，他们在外务工时所从事的行业领域具有很大相似性，所以在选择创业项目时，也很容易雷同。后者，因为一地的自然资源、人力资源和社会资源的有限性，如果返乡创业都选择开发利用同一资源，也会造成许多雷同。返乡创业，由于很多创业企业属于中小企业，缺乏人才和技术的支持，缺乏核心竞争力，如果再选择同样的项目，则很容易机械模仿、恶性竞争，导致资源浪费和环境污染。

四、政策落实不到位、不及时

返乡创业的农民工与政府之间信息沟通不够顺畅，针对农民工返乡创业的政府服务水平有待提高。一方面，部分创业者难以真正申请到优惠政策。调研中，一些创业者反映，相关优惠政策申请手续烦琐，经常是花费了大量精力也难以申请到，由于返乡创业的农民工大多文化水平不高，准备材料相对费力，经常出现创业者干脆不去申请的情况。另一方面，一些创业者对扶持政策不了解。调研中，个别创业者在被问及与自身创业直接相关的补助资金政策时表示，根本没有听说过此类政策，更谈不上享受到优惠政策。此外，一些政策从申请、批复到真正落实，需要的周期较长，政策落实不及时。

第五节　政策建议

为了解决上述种种问题，应该从两个角度着手：一是政府创建良好的创业环境和提供良好的公共管理服务；二是农民工自身素质的提高和条件的优化。促进返乡创业应该由市场来解决，政府的作用应该是进行疏导，通过提供返乡创业所需要的社会环境来推进该过程，结合调研和实际情况，提出以下建议。

一、创造宽松的创业环境

政府要针对返乡农民工创业活动的实际，提供更多有利于返乡人员因地制宜、创业致富的优惠政策，用政策来保护和激发他们的创业热情；同时应在政策允许的范围内，对返乡农民工创业放宽准入条件，简化立项、审批和办证手续，提高办事效率，规范收费项目，努力创造一种有利于打工者返乡创业的宽松环境，从而吸引更多的潜在创业者返乡创业。

提供土地租用优惠政策。在法律允许的范围内，根据创业项目的不同确定土地的合理使用年限。对新办企业采取几年内免除征税，所得税要等到项目营利、企业运转良好后方可征收，并可适当延长开征时间。对经济效益不佳的企业实行合法范围内的降低税率或免征，对仍有发展潜力的企业应给予补贴。

提供户籍管理、子女教育等方面人文关怀。在城镇创业的返乡农民工，当地政府要适时地解决城镇户口问题，并尽可能地为他们提供城镇居民的待遇，特别是要免收其子女入学名目繁多的"赞助费"，各地可结合实际，逐步将返乡创业的农民工纳入社会保障体系中，为他们的创业解决后顾之忧。

二、完善农村金融服务

鼓励商业化程度较高的农村信用社坚定不移走商业化改革、市场化经营的道路，中小企业应该成为这些农村信用社的主要目标客户。坚决支持其他商业银行到农村地区设立网点或巩固已有网点，重点是对小企业发展较好的县域要实现经营网点稳中有升。由于农民工返乡创业具有起点低、起步迟、业务分散、经营不灵活等特点，需要金融机构提供富有特色的金融产品。特别在贷款产品上要以建立科学的定价机制和风险控制机制为基础，为返乡农民工量身定制金融产品。

建立小额贷款绩效评价机制，对创业成功率、贷款发放额度、带动就业的倍增效益、贷款回收率等指标进行科学评价；积极探索农村小企业联保贷款、小额信用贷款、仓单质押贷款、法人与自然人联名等有效形式。

积极建立相关扶持性政策。建立对金融机构的风险补偿机制，即由地方财政、农民工创办的企业按一定比例出资建立农民工返乡创业风险基金，金融机构可以将一定的贷款收益注入该基金，在出现贷款损失时按顺序，以一定比例从补偿基金中对金融机构的损失予以弥补。同时建立直接奖励制度，由政府出资对支持农民工返乡创业中做出突出贡献的金融机构予以直接奖励。

三、拓宽创业信息渠道

通过建立公益性的创业中介组织，以信息发布平台为依托，帮助返乡农民工及时清除创业时的政策盲点。公益性的创业中介组织通过提供咨询服务，使返乡创业农民工熟悉劳动保障、财政、工商、税务等各项就业优惠政策，了解与创业有关的市场环境和经营策略，提供创业指导平台、信息、政策咨询等服务。

乡镇级人民政府可通过成立返乡农民工创业帮扶小组，同外界建立广泛的联系，搞好市场秩序建设，多方收集市场信息和市场动态，在乡镇人口集中场所设立市场信息专栏，及时告知创业农民工各种信息，及时准确地传递农村与城市的供求信息，帮助创业者开拓市场，保证产品的适销对路。

四、开展有针对性的创业素质培训

加强以提高农民工创业素质和能力为中心的培训：其一，开展创业意识与创业心理品质的培训，包括对返乡农民工的创业意识、创新意识、市场意识、风险意识、创业能力等方面的培训，提高个体创业的心理素质和对市场变化的心理应变能力；其二，创业知识和能力的培训，包括创业所需要的财务知识、经营管理知识和创业所必需的职业能力、经营管理能力和综合性能力，以及准确做出市场判断的知识、信息能力。

培训方式要灵活多样，以短期的非正式培训为主，注意理论学习与案例分析相结合，理论指导与市场调查相结合。知识传授可以聘请专家讲授，也可以采用案例分析、模拟创业实验等方式开展。另外，还可请创业实践经验的成功者来讲学，他们不仅给学员传授知识，而且还要引导学员化解创办企业过程中不确定性困难和风险。

五、加大政府对农民工返乡创业的支持力度

一是对一些政府承担、财政支持的公益性项目，可以通过购买服务、政府与社会资本合作等方式，引导一些返乡农民工创立的企业参与其中。二是在政府采购目录中，尽可能将返乡创业农民工创立企业生产的产品纳入其中，在保证质量的前提下，优先予以考虑。三是对政府组织或支持的相关推介会，应尽可能给予这些企业相应的推介机会。四是积极推荐这些企业参与一些奖项的评定以及财政支持资金项目的申请。特别是应全力保证《国务院办公厅关于支持农民工等人员返乡创业的意见》中提到的定向减税和普遍性降费政策真正落到实处。

第五章 产业转移拉动型城镇化：民权探索

第一节 产业转移背景下产城关系辨析

产业与城市–区域是密切关联的。产业组织必须依托于特定的空间载体和区域范围，而城市–区域的发展也必须实现产业的支撑。由此，如何正确看待产业发展与承接产业转移在空间层面的落地与效应，对其进行务实和必要的调节和引导，进而通过承接产业转移实现城市竞争力的提升与产城融合发展，已成为城市–区域发展的一个重要的现实问题（李文彬和陈浩，2012；王慧，2003）。整体上看，围绕产业发展和转移与城市–区域发展的相关研究更多体现在对某一具体问题和角度的探析上，国内外相关研究主要体现对其动因、区位、模式、路径及对承接地经济效应的研究，而对城镇化发展，国内外研究则聚焦在对其动因、模式、路径及与产业发展的关系上（曾祥炎和刘友金，2014），从微观机理上深入探究承接产业转移与城镇化和产城融合之间内在关联的文献并不多见。

从逻辑上讲，承接产业转移与城镇化发展是一个互动的过程。第一，健全的城市化发展有赖于所承接的产业转移与这一城市区域的产业系统关联和配套，产业园区企业集聚会带来大量就业岗位，产生人口吸纳效应（图5-1）。城市区域产业发展与积极承接产业转移能够有效地推动区域城镇化进程加速发展。第二，一方面，当城市区域产业发展到一定阶段，人民收入水平、社会消费水平和整体需求也就随之提高到一个新的水平和层次，而要满足这些需求就势必会为城镇化发展提供多元动力要素，如交通、旅游、住房、科研、教育等，促使农业发展更多更快地向非农产业转移和过渡，城镇化发展就应运而"速"生。另一方面，城市化进程推进的同时，又是提高城市区域产业承载能力、优化产业结构与资源配置的重要条件。城镇化发展能够有力地带动消费能力的持续增长与要素集聚，以此来刺激促使区域范围内的产业发展、配套与转移。第三，基础设施建设、信息化建设、生态文明建设等都已非常健全和完善，新的技术发明、技术与理论创新不断应用和指导于城市区域经济社会发展，形成城市区域产业更快发展和更广范围内的产业发展、结构优化与产业转移。例如，我国中部传统农区，对区域发展起重大作用的资金、技术等要素较为缺乏，且城市发展或多或少地受到地域条件的限制，政府财力有限，产业发展受限，就迫切需要通过承接产业转移实现外部资本、技术等要素对本地的补充和发展，逐步改善和协调产城关系，以提升城市区域自生能力与竞争力。同时必须提出的是，政府与产业园区管委会对产城融合有着重大的驱动和影响作用。他们通过承接产业转移和产业发展，促进当地居民就业，促进农民工市民化；通过积极加大基础设施投资，为园区内众多企业提供基础服务、保障与环境。由此，围绕产业、城市和政府之间相向关联形成的动态耦合就决定了产城融合的作用机理是一个复杂的系统，也揭示了工业园区"以产促城、以城兴产、产城互动"的发展规律，实践证明，产城融合是实现产业承接地工业园区转型升级的重要途径和手段（毛小明，2015）。

图 5-1　产城融合的作用机理

全球范围内产业转移与城镇化发展历程表明，承接产业转移与城镇化发展之间有着内在的耦合关系。一定意义上说，世界范围内的产业发展与城镇化进程就是一部产业转移史（曾祥炎和刘友金，2014）。然而，这并非两者逻辑关系所呈现的全部，也就是说，仅仅基于宏观层面的现象描述并不能完整地包涵这种耦合关系的内在本质。例如，拉美国家城镇化率畸高，承接产业转移不足，形成国家大量贫民窟；再如，部分重化工业化国家和转型国家，城市化水平落后于承接产业转移水平，国家经济长期失衡。由此，要深入理解两者之间耦合关系，就有必要深化对其协同发展基本过程、动力机制、影响因素及城市–区域效应的分析与研究，从而系统地揭示两者协同耦合的基本逻辑并积极服务于社会实践。

产业空间是促进城市–区域经济发展的重要空间载体，多被冠以工业园区、产业园区、科技园、产业集聚区等名称，共同的特点是作为城市–区域空间发展的重要增长极和增长板块。产业集聚区建设初期，主要以产业发展用地需求的集聚、扩张等经济功能为发展要义，随着园区发展的逐步深入，产业园区与外围地区对实现经济对接、空间协调与功能复合的需求愈发明显。理论研究和国内外产业园区的发展逻辑均表明，产业园区经过一段时间的高速发展，基本都会经历从"纯工业区"到"拥有部分配套的工业园区"再到"产业新城"的发展历程。由此可以说，"产城融合"应是居住与就业的融合，核心是使产业结构符合城市发展定位，成熟的产业园区应是"个性十足"的城镇社区（张道刚，2011）。这显然可以通过产业调整服务于城市的功能改造，吸取前车之鉴，不再重复类似产业用地僵化、居住和配套服务设施缺乏、潮汐式通勤与夜城、睡城、生态环境被忽视、入驻产业难达预期、产城互动不够等（刘荣增和王淑华，2013）。未来的产业集聚区将不仅仅是一个科技成果转化的产业孵化基地，或简单的科技工业园区，而是基于人才引领、众创生态、产城融合的知识社区。

第二节 民权探索

一、产业集聚区：产城融合的创造性实践

2008 年以来，河南基于区域经济发展现状与现实需求规划建设了 180 个产业集聚区。为持续不断地推进产业集聚区建设，通过加强产业集群培育，加快重大项目建设，强化龙头企业带动，培育特色产业集群等举措，使产业集聚区发展进入快车道，河南省委、省政府提出了针对产业集聚区的发展目标，即企业（项目）集中布局、产业集群发展、资源集约利用、功能集合构建，农民向城镇转移（"四集一转"）。实现"四集"，才能加快转型升级，增强城市核心竞争力和区域影响力；完成"一转"，才能真正为当地百姓带来实惠，促进经济社会和谐、可持续发展。经过近几年的探索，产业集聚区从无到有、从小到大、从重点突破到全面发展，已经成为全省经济持续健康发展的重要支撑，并呈现出主导产业清晰、转型升级加快的趋势。

河南以产业集聚区为依托和空间载体，把招商引资和积极承接产业转移作为"一举应多变""一招求多效"的战略性举措，有效地大规模承接产业转移。各地区可围绕发展主导产业，通过链式招商、以商招商、以情招商、全民招商等多元渠道和创新模式，大力推进招商引资和承接产业转移，加快推动优势企业签约落地并建设投产经营，以区域资源禀赋与自生优势相结合，加快培育壮大区域内优势产业集群和特色产业发展。从全省层面看，2014 年，全省产业集聚区实现规模以上工业企业从业人员突破 350 万人，已成为带动河南劳动力就业的主战场；实际利用外资超过 80 亿美元，占全省的比重超过 54%；实际到位的省外资金 4320 亿元，同比增长 19% 左右，占全省的比重超过 60%；全省产业集聚区万元产值能

耗同比下降超过 11%，已经成为加快新型城镇化的重要推动力和扩大转移就业的主要支撑点。通过以产业集聚区为载体积极有效地承接产业转移，既实现了本地产业与经济的快速健康发展，也有助于推动劳动力就业水平的提高，课题组以省会郑州和区域性中心城市商丘为例进行了分析，表 5-1 列出了 2011～2014 年郑州和商丘产业集聚区内法人单位数和业务水平的变化情况。

表 5-1 郑州和商丘产业集聚区内法人单位数和业务水平

名称	合计 / 个		工业 / 个		重点服务业 / 个		2014 年		
	2011 年	2014 年	2011 年	2014 年	2011 年	2014 年	规模以上工业产业人员 / 人	规模以上工业主营收入 / 亿元	固定投资额 / 亿元
全省合计	8 984	12 959	6 009	8 571	276	553	4 010 167	37 968	15 999
郑州合计	983 (0.109)	1 393 (0.107)	604 (0.101)	768 (0.090)	25 (0.091)	91 (0.165)	553 784 (0.138)	5 695 (0.150)	1 711 (0.107)
商丘合计	532 (0.059)	1 043 (0.080)	340 (0.057)	653 (0.076)	9 (0.033)	65 (0.118)	264 324 (0.066)	1 671 (0.044)	1 201 (0.075)
商丘经济技术产业集聚区	78	82	42	45			12 156	52.6	90.1
豫东综合物流产业集聚区	10	52	6	10	1	15	897	6.6	32.8
商丘梁园产业集聚区	71	147	28	72	1	1	16 411	138.9	105.5
商丘睢阳产业集聚区	34	82	29	63		8	21 427	138.5	95.5
民权产业集聚区	68	115	43	72		10	18 143	172.4	146.2
睢县产业集聚区	29	115	29	68		17	44 218	149.1	142.0
宁陵产业集聚区	29	71	22	54		4	12 389	102.4	47.2
柘城产业集聚区	83	104	40	60	7	5	18 799	164.1	133.6
虞城产业集聚区	59	103	45	74		4	46 866	216.9	148.1
夏邑产业集聚区	46	118	40	95			33 959	183.9	140.2
永城产业集聚区	25	54	16	40		1	39 059	345.9	119.8

注：括号中数据为所占比例

资料来源：根据 2012 年、2015 年《河南统计年鉴》整理

从整体水平上看，由于 2011 年统计数据缺乏，这里仅对各产业集聚区 2014 年发展水平进行分析。在产业人员方面，全省 180 个产业集聚区规模以上工业产业人员 401 万人，其中郑州 55.4 万人、商丘 26.4 万人，郑州相当于商丘的 2.1 倍，两者合计占比超过全省的 1/5，由此看来，作为区域性中心城市，其在产业发展中的人口集聚效应非常明显；在业务收入方面，全部产业集聚区规模以上工业实现主营业务收入 3.7 万亿元，占全省这一数字的半数以上，其中郑州和商丘合计收入 7366 亿元，前者占比达到了全省的 15%，而后者仅为 4.4%，郑州相当于商丘的 3.4 倍，两者合计也基本占到河南全省产业集聚区的 1/5；在产业投资方面，河南产业集聚区固定资产投资额 2014 年年底达到 1.6 万亿元，其中郑州占比 10.7%、商丘占比 7.5%，合计占比 18.2%。这一比例与产业人员和业务收入占比水平基本一致。

从产业集聚区单体看，商丘共计 11 个产业集聚区，其中市区 4 个，县市产业集聚区 7 个。2011 年全行业法人单位数和工业行业法人单位数在区域层面较为均衡，2011～2014 年，梁园、夏邑、民权均处于全市产业集聚区的领先水平。重点服务业方面，睢县、民权实现了跃升，重点服务业企业突破 10 家以上。产业人员方面，以制鞋为主的睢县产业集聚区、以钢卷尺为典型的虞城产业集聚区承载人员就业最多，也说明了积极承接劳动密集型产业转移能够实现区域就业水平的显著提升，业务收入和固定投资方面大多县区市也实现了 100 亿水平级的增长。2011～2014 年，尽管商丘在全行业、工业和重点服务业等各领域法人单位数与郑州还有明显的差距，但不得忽视的是，商丘与郑州的各项差距在逐步缩小。

综上，积极承接产业转移，能够推进产业的快速发展，承载更多的劳动力就业，进而以社区建设和产业集聚区建设共同推进土地城镇化和人口城镇化发展，实现产城关系的进一步互动与融合。

二、民权产业集聚区：农区工业化的载体和平台

（一）民权产业集聚区概况

民权产业集聚区位于商丘市民权县城南部，南邻连霍高速公路，北接陇海铁路，东与宁陵县接壤，西至西迎宾路，310 国道穿区而过，交通便捷、区位优越，是河南省政府确定的第一批产业集聚区。全区规划面积 26 平方千米，建成区 16 平方千米，近年来强力打造以制冷为主的产业集群。

由表 5-1 可见，自产业集聚区建设以来，民权实现了承接产业转移的重大进步，2011 年实现产业集聚区全行业法人单位数位居商丘市 11 家产业集聚区第 4 位，至 2014 年提升为并列第 3 位；2014 年重点服务业法人单位 10 家，实现了 2011

年以来 0 的突破，又一跃位居仅次于睢县和豫东物流园区外的全市产业集聚区第 3 位，这一成绩即使放在郑州 15 个产业集聚区中也毫不逊色。也就是说，经过短短 7 年的发展，民权积极承接产业转移，打造"冷谷"产业集聚区成效明显，也在河南产业集聚区发展中陆续取得"十强""十佳"等多项荣誉，既成功晋级全省星级产业集聚区行列，政策激励效应又引发了民权产业集聚区建设的良性循环。

（二）承接产业转移成效

近年来，民权产业集聚区建设助推县域经济态势良好，主导产业优势明显。2015 年制冷产业实现产值 151.8 亿元，"民权制冷"已跻身百亿级制冷家电产业集群；冷藏保温车生产企业已由 2 家增加到了 5 家，产业集聚区内企业数量、产能、产品市场占有率均占国内同行业的半壁江山。从产业就业情况来看，民权 2014 年实现规模以上工业企业从业人员 1.8 万人，位列全区第 5 位。

从综合成效看，自 2008 年以来，民权县政府确定了制冷产业为其主导产业发展，建设了民权产业集聚区，强力助推招商引资，采取多种形式和渠道积极承接产业转移，政府出面协调搬迁农民与转移企业的关系，承诺给每户家庭提供至少一个技术岗位，以确保民权乡村从业人员数量能够保持逐年增长，这对推进民权经济发展与城镇化进程起到了重要的推动作用，也可以从表 5-2 所列出的民权 2005～2013 年的主要宏观经济指标可以看出。很显然，第一产业、第二产业、财政收入、固定资产投资等指标逐年显著增长，尤其是财政收入，2015 年相比 2005 年增长四倍，固定资产投资指标则增长了两倍。当地道路条件明显改善，卫生条件不断改善，中小学数量不断增加；同时民权县政府通过不断加大产业集聚区和城区的基础设施建设，为企业营造了良好的发展环境，财政支出增长一倍以上，产业集聚区和民权承接产业转移的软、硬条件日渐完善，综合成效显著。

表 5-2　民权近年来宏观经济指标

项目	2005 年	2007 年	2009 年	2011 年	2013 年
年末总人口 / 万人	84	94	96	97	98
乡村人口 / 万人	77	78	78	76	—
年末单位从业 / 万人	3.92	3.52	3.04	3.07	
乡村从业 / 万人	43.31	45.05	45.38	44.55	—
第一产业增加值 / 亿元	21.60	24.79	29.83	36.20	39.22
第二产业增加值 / 亿元	17.41	25.27	35.87	45.15	58.39
财政收入 / 亿元	0.52	0.80	1.34	2.68	5.00
财政支出 / 亿元	4.00	8.00	13.51	19.13	27.54
居民储蓄存款 / 亿元	18.05	25.32	36.63	57.16	85.96

续表

项目	2005 年	2007 年	2009 年	2011 年	2013 年
年末金融机构各项贷款余额 / 亿元	18.14	25.92	39.25	45.33	67.13
规模以上工业企业个数/个	25	44	73	75	98
规模以上工业总产值 / 亿元	20.75	37.64	58.42	133.61	226.94
固定资产投资（不含农户）/ 亿元	11.71	34.76	59.78	87.74	129.28

注：—表示 2013 年该年鉴更换部分指标

资料来源：2006～2014 年《中国县域经济统计年鉴》

（三）产业集群发展

产业集聚区成立近 7 年来，在产业发展与集群培育上成效显著。一是影响力不断提升。产业集聚区成功晋升全省一星级产业集聚区，挂牌成立了"国家冷冻冷藏设备质量检验中心"和"河南省制冷产业联盟"，被确定为"国家级出口制冷机电产品质量安全示范区"，被国家质量监督检验检疫总局批准筹建"全国制冷设备产业知名品牌创建示范区"。先后接待省内外考察团 140 余批次，时任河南省委书记郭庚茂到民权调研时给予"成绩巨大、经验可鉴，延展完善、创新提升"的高度评价和殷切希望。二是品牌效应日益凸显。截至 2015 年，民权拥有中国驰名商标 10 件、河南省著名商标 39 件、商丘市知名商标 21 件，驰（著）名商标件数居全市第一位。民权产业集聚区被确定为"全国产业集群区域品牌建设试点单位"。三是创新能力逐步增强。民权产业集聚区与河南机电职业学院联合在民权设立了制冷技术学院，并分别给予到集聚区就业的该校高职毕业生和中职毕业生每人每月 200 元、100 元的生活补助，为企业提供了人才保障。拥有工程技术研究中心、工程实验室、科技孵化器、院士工作站、博士后工作站等研发机构 12 个，各类科技人才 1500 余名，其中高级技术人才 160 余名。新增高新技术企业 2 家，申报国家发明专利 2 项、国家实用新型专利 100 余项。

在此需要解释的是，尽管白色家电制造业呈现出一定的劳动密集型特征，但其技术密集型的产业特质也十分明显。在对民权产业集聚区实地调研的过程中也发现，转移到民权的不少制冷企业如香雪海电器集团有限公司、青岛澳柯玛股份有限公司、广东阿诗丹顿电气有限公司等重点企业或龙头企业，都对冰箱、冷柜、冷藏车等主导产品的技术要求和标准愈加重视和积极实践，以香雪海电器集团有限公司为例，其转移民权产业集聚区的不仅包括制冷车间、产品销售，还有技术研发、集团总部，既实现了企业的全部搬迁，在民权产业集聚区内推进自主研发设计，又向为其提供全产业链配套的十几家随之搬迁的中小企业提供技术消化与传导。同时，作为冷柜行业连续 18 年来销售冠军的青岛澳柯玛股份有限公司将生产线全部搬迁转移到民权产业集聚区，还有广东阿诗丹顿电气有限公司、华美电器集团等企业的强势"加盟"，无形的竞争市场也促使香雪海电器集团有限公司必须不断深化和推进以技术研发来适应和调节市场。因此，市场的竞争带来技术工人和技术人才的激烈竞争，尽管民权以此见长，但当前对技术工人和技术人才的争夺战已然爆发，民权籍的制冷人才非常走俏，民权县委、县政府提供了培育人才和引进人才的多项举措，也是对"技术和研发"的一种呼唤，甚至连民权产业集聚区的名称也得到了进一步的提升，省政府批准冠名"省级高新技术产业开发区"。由此看来，较之其他以制鞋、卷尺生产为主的劳动密集型就业，民权由"制冷产业生产基地"向"冷谷"的转型建设呈现出技术密集型和资本密集型的特质。

（四）承接机制和政策支持

积极承接招商引资和产业转移。2009 年以来，民权不断加大承接制冷新产业转移力度，引龙头强配套，民权制冷集群发展之路越走越宽。这一成就肇始于"冰熊"及其商标。2006 年至今，河南冰熊集团有限公司先后将"冰熊"商标的部分使用权授予华美电器集团、飞龙家电集团有限公司、商丘海泰实业发展有限公司和台湾显丰国际有限公司，致使民权完整的制冷产业链条被分离在沿海主要制冷区域，使得民权具备了与沿海地区因"制冷"在股权、产权方面的联系；同时"老冰熊集团"的部分人才分别前往全国各地制冷产业区域谋求发展，使得民权制冷的人脉遍布各地；一些敢想敢干的员工，开始在民权自己创业，继续发展民权制冷产业。尤其是民权产业集聚区成立以后，依靠广泛的人脉资源、熟练的用工资源以及股权、产权联系，招商引资步幅加快、力度加大，促进民权制冷产业复苏。其中，香雪海电器集团有限公司的整体搬迁，广州万宝集团有限公司、青岛澳柯玛股份有限公司等大型企业集团入驻都为民权产业集聚区发展奠定了坚实的基础（表 5-3）。

表 5-3　民权招商引资典型落地项目

时间	转移地	企业	产业转移类别与落户
2010 年 06 月	浙江慈溪	香雪海电器集团有限公司	全部生产线，带来 11 家配套企业
2010 年 08 月	浙江慈溪	飞龙家电集团有限公司	"冰熊牌"压缩机填补空白
2012 年 11 月	广州中山	广州万宝集团有限公司	万宝民权制冷工业园
2013 年 01 月	山东青岛	青岛澳柯玛股份有限公司	澳柯玛民权制冷产业园

多管齐下创新招商引资方式。一是注重引进龙头企业，实施带动招商。紧盯世界 500 强、国内 500 强企业和高科技、高就业、高附加值项目，大员上阵、招大引强，积极跟进、跟踪、对接、洽谈项目，相继引进广州万宝集团有限公

司、青岛澳柯玛股份有限公司、香雪海电器集团有限公司等知名企业，形成了以冷藏车、冷柜、冰箱为主导的制冷产业集群。二是注重完善产业链条，实施产业招商。针对制冷整机生产所需的制冷机组、冷凝器、蒸发器、塑件、玻璃门、包装材料等各种配件产品，组织专业人员科学测绘制冷产业链图谱，制作表格发送到招商团队中，有针对性地招商。利用国内制冷企业中民权籍人才多、分布广的特点，积极主动联系、拜访国内制冷企业中民权籍高管人员，大力推进民权制冷产业发展优势，鼓励所在企业到民权创业。三是注重高端运作，实施接力招商。在国家质量监督检验检疫总局和中国家用电器协会的支持下，选派 23 名优秀干部到发达地区开展挂职招商，邀请知名品牌企业到民权参观考察。与中国制冷空调工业协会、浙江省制冷学会等专业组织建立了联系，拓宽和强化了招商网络，提升了民权的知名度和影响力。四是注重宣传推介，实施节会招商。在央视频道播出制冷产业广告，在重点招商区域主流媒体上发布招商公告、播放招商宣传片，叫响"民权制冷"名片。先后组团参加中部博览会、中国国际高新技术成果交易会、深圳国际物流与交通运输博览会和多次产业转移对接活动。

另外，注重完善机构设置与政策支持。2015 年，在产业集聚区的基础之上，完善了民权高新技术产业开发区与乡镇的区规划工作，民权高新技术产业开发区成立了综合办公室、招商服务局、经济发展局、科技统计局和国土规划局五个机构组织，职责权限划清界限，分工协调负责招商事项。同时坚持实行"五个一"和"两不接触"（表 5-4），做到"360 度全方位服务"。例如，在项目投资与融资的优惠政策方面，民权产业集聚区提出：①产业集聚区管理委员会负责对引进项目的资金投入情况进行督促核实，协调相关部门落实优惠政策，协调有关部门帮助企业争取上级对企业的支持政策和项目资金。实时对入驻企业土地出让金缴纳、项目开工建设、设备安装、启动投产、投资金额、用工人数、产值效益、税收缴纳等情况进行跟踪统计并建档备查。②充分发挥产业集聚区投融资平台作用，增强融资服务保障。进一步拓宽融资渠道，每年定期组织开展银行、担保机构、产业集聚区管理委员会三方融资对接活动，鼓励支持金融机构加大对重点产业信贷规模。注重解决区内企业因扩大生产或产品升级中所遇到的资金难问题。在企业自愿的基础上，可由民权产业集聚区成立的投融资公司为其担保贷款融资，但需具备以下条件：企业具备较高的信誉度，产品具有较好的市场发展前景；企业在区内具备依法取得的土地，并具有企业独资建设的厂房。③鼓励支持金融部门对区内企业经营提供金融服务。凡金融部门提供每年增加 1000 万元贷款服务的，县财政给予一定奖励。

表 5-4　民权高新技术产业开发区招商引资服务方式

方式	具体内容
"五个一"	一个招商项目
	一名县领导分包联系
	一个部门对口帮扶
	一套人马跟踪服务
	一包到底
"两不接触"	项目投资商不与项目用地的乡镇和农户接触
	项目投资商不与项目办理证照的职能部门接触

三、民权以产业集聚区为载体推进产城融合的探索

（一）促进基础设施建设与配套

民权始终坚持"规划无缝对接、基础设施互通、配套服务共享"的基本理念，以产业集聚区和城区共建为原则，统筹城区和产业集聚区基础设施共建，围绕"大投入、大建设、大发展带来大变化"的总体目标，政府部门大力加强基础设施建设，采取政府投资、土地置换、贷款融资、争取项目等多元化筹资方式，全面加强集聚区道路、供排水、电力、通信、亮化和绿化工程建设，先后开工建成旺兴路、建业路、江山大道、中山大道等多条道路，骨干道路实现了"六通一平"和全面绿化、亮化，一次性完成了产业集聚区 16 平方千米建成区的框架建设，构建了"六横十二纵"的交通网络，做到产业集聚区和城区内道路管网的无缝对接，基础网络、宽带信息实现全覆盖，营造了招商引资和承接产业转移的大环境。

（二）促进社会就业与人才支撑

当前产业集聚区已安置各类科技人才 1500 余名，其中高级技术人才 160 余名。对企业引进的博士毕业生、硕士毕业生、本科毕业生，三年内县财政分别给予每人每月 1500 元、800 元、300 元的补贴。每年举办企业用工供需见面会和产品展销会，帮助企业招聘、培训员工。落实为企业免费招聘工人、免费上岗培训、免费技能提升"三免政策"。实施校企联姻，在河南冰熊专用车辆制造有限公司、香雪海电器集团有限公司等企业设立校外实训基地，较好地解决了企业的用工难问题。为支持河南机电职业学校毕业生到民权高新技术产业开发区工作，县财政出资分别给予高职毕业生和中职毕业生每人每月 200 元、100 元的生活补助，并可优先租用公租房，连续工作五年以上的可优先购买 50～80 平方米的安置房，10年以上（含 10 年）的可以按照综合成本价购买安置房，还可由政府部门所属的人

才交流机构提供免费人事代理服务。

（三）搭建平台优化投资环境

一是完善公共服务平台，在城关镇铁道北部成立绿洲街道办事处，城关镇铁道南部和花园乡北部部分村庄组建南华街道办事处；建立产业集聚区融资平台、金融单位和担保机构三方合作机制，不断提高融资能力；开工建成民权高新技术产业开发区行政服务中心和集首席执行官（CEO）大楼、科技楼、专家楼、职工公寓、员工餐厅、商务中心为一体的生活服务中心。二是构筑技术平台，从服务主导产业发展、提升产业竞争力的角度出发，积极争取，成功申报设立了中国科学院制冷专业院士工作站和工程技术中心、河南机电高职业学院冷技术学院，积极创建民权制冷标准。三是搭建融资服务平台，通过争取政策资金、整合财政资金、吸纳社会资本等多种形式，成立金联投融资有限公司，为集聚区建设和企业发展提供资金保障。通过近几年的建设发展，城市框架逐步拉大，承载力显著提升。当前，民权城市框架范围已达近 60 平方千米，特别是随着区内产业用工的不断增加，城区人口和就业大量向集聚区集中，促进了产业集聚区的良性发展和产城关系的深入互动与融合。

（四）促进农民工市民化

为推进搬迁安置、强化社区建设，企业出资政府负责项目用地拆迁工作，政府出资建立"南华社区"作为民权产业集聚区的安置社区，南华社区总占地 523 亩，总建筑面积 53 万平方米，社区建成后可完成对区内包括城关镇和花园乡共 9 个行政村（22 个自然村、2819 户、9451 人）的安置（以上 9 个行政村目前占地 3020 亩，实现整体搬迁后，可腾出建设用地 2497 亩）。南华社区总计划投资 6.5 亿元，分三期建设，前两期为安置工程，第三期为商业开发。同时对搬迁农户给予"七个一"安置政策（表 5-5），进一步确保了被拆迁群众的就业和生活，解除

表 5-5　南华社区安置搬迁农户的政策措施

项目	内容
"七个一"（为每户被征地农民再新型社区）	安置一套居住用房
	分配一定面积的商业门面房
	安排一个公益性就业岗位
	协调企业安排一名产业工人
"七个一"（为每户被征地农民再新型社区）	培训一名技术人员
	符合条件的家庭成员办理一份低保
	符合条件的家庭成员在新型农村合作医疗缴费中给以补贴

了拆迁群众的后顾之忧。截至 2015 年年底南华社区已投资 4.6 亿元。一期工程总建筑面积 21 万平方米，39 栋住宅楼已经全部完工，已安置拆迁群众 2537 人，已配备中小学、幼儿园、社区医院、社区养老中心等基础设施。

对入驻区内的企业，民权产业集聚区规定，在其建设和生产过程中办理相关手续时，本级政府行政性收费实行全免政策。投资企业用水按城镇居民生活用水收费标准征收。投资企业建设生产过程中的用电，电力部门应积极帮助企业加强用电安全的管理和电力设施的维护，对符合条件的企业帮助协调其享受优惠电价。凡投资额在 3 亿元以上的企业，在正常生产经营初期，政府可以在 CEO 公寓和职工宿舍为企业负责人和职工安排一定数量的过渡性住房，过渡期为三年；对投资额达到 5 亿元以上的企业，再安排高级公寓一套。在民权高新技术产业开发区内的企业工作且取得国家承认的高级技术职称资格证书的工程技术人员，政府可以安排其入住 CEO 公寓。

四、民权社区居住调查

基于上述分析，课题组对产业集聚区的居民和工作人员进行实地调研分析，以明晰不同类型的行为主体在空间层面、就业层面与身份层面的归属，进而分析产能融合的基本态势。

（一）漂移型城镇化

漂移型城镇化是专指来自于较远外地、并在本地实现常驻状态的居民。基于社区层面开展的问卷调查与实地访谈，这一类居民是居住于产业集聚区内部，本身受雇于或者作为企业负责人角色的外地人员。他们多是浙江人、广东人、江苏人、湖南人、江西人等。其中，为香雪海电器集团有限公司做配套的中小企业，大都是浙江人。伴随着香雪海电器集团有限公司的整体搬迁，这些人员多以夫妻形式迁往民权产业集聚区，年龄为 35～55 岁，孩子多在原籍求学或在外地高校上大学，其居住在县政府提供的小区内，小区地处产业集聚区内部北端，靠近民权县城，北接民权高铁站。在进行企业调研的现场，课题组与他们开展了深入对话与访谈。

整体上看，漂移型居民在文化、语言、生活习性等方面与本地人尚不能很好相容，且由于人口总量较小，多是内部交流。由于本地市场难以满足相关的商业行业合作要求，生活方面的交流并不多。也有部分企业中层或负责人与民权生产生活单位开展部分的业务往来、商业合作，甚至也参与到本地人婚丧嫁娶等的生活习俗中，但由于往来成本与投入资金的数次不对等，让他们感觉到与本地人的沟通交流让他们有所吃亏，导致其后的商业合作与生活往来也逐渐变得少起来甚至不再持续了。相比而言，与本地人相处较为融洽的外地人还是部分企业负责人，如为香雪海电器集团有限公司提供配套服务的七八家小企业主均反映，由于他们在企业搬迁之前就与本地企业的负责人有长期的往来和交流沟通，到企业落户民权时候，本地企业负责人基于在苏州、慈溪等地的交往联系的基础，或原有的感情积累都会对身份置换的合作伙伴格外关心，也就只有这样良好的合作关系或朋友关系才能维持得更好。但整体上看，这样的合作关系显然很少。也就是说，漂移型居民尽管在本地实现了常驻化，从事着与本地企业相同或相似的工作，但因个体情感归属的不同，为香雪海电器集团有限公司配套的企业负责人大都表示，随着企业的发展，他们或许还会再回去的，他们也没有把孩子接到这里来生活的打算。但也有案例证实，在企业担任业务或项目经理的部分中层干部，他们随着企业搬迁到了这里，到民权实现了安家落户，在这里娶妻生子，生活过得非常美满，他们已把自己当成了民权人的一员，如广东阿诗丹顿电气有限公司的项目经理和车间主管，分别来自湖南和江西，访谈间都能听出已然纯正的"河南乡音"。

（二）被动型城镇化

被动型城镇化的对象是从空间上为产业集聚区配套和服务而被动演化的社区居民，如南华社区居民。南华社区主要是产业集聚区内的村庄整体拆迁构成，在地理空间上包括民权县城南部和花园乡的部分区域，距离民权县城较近，地理位置优越，出行便利，经历整村兼并与合并，计划建设能够满足和服务于产业集聚区建设的"万人社区"。基于此，课题组分别于 2015 年 12 月和 2016 年 3 月围绕社区居民（768 户、2537 人）开展了 2 次调研与问卷分析，得到入户调查有效问卷 38 份、占现有居住户数的 5%。调查对象主要围绕户主展开（表 5-6），男性占比超过 3/4，年龄结构老中青比例基本为 1∶1∶1；从受教育程度看，大多处于初中及以下水平，大学以上访谈对象仅有 1 个。在由原村庄住房到社区住房分配的转换中，基本实现了由大家庭向小家庭的剥离和转换，但整体上较多仍居住在同一栋楼上，老一辈多住在一楼或者地下室，年青一代住在上层，但也由于生活方式和习性上尚难以脱离农业，在 5 层或 6 层居住的仅为少数。因此，高层房屋仍有大量闲置。

表 5-6　南华社区居民调查基本表　　　（单位：个）

调查对象		类别统计
性别	男	29
	女	9
年龄	18～45 岁	11
	45～59 岁	13
	60 岁以上	14
教育水平	小学以下	15
	初中	20
	高中/中专	3
	大学以上	1

　　对南华社区入户调查的数据显示（表 5-7），入驻社区的最大吸引力在于社区干净的街区和生活环境，社区周边有企业、方便就业，两项占比均在 70%左右，其次是便捷的交通出行，占比也在半数以上，通过社区有直达县城的公交车；但让居民不适应的地方不在于住房面积的大小，而在于没有院子、上下楼不方便、住楼房不适应等，占比均在 70%左右，由此看来，搬迁后，实现了由村庄农民向社区居民身份的被动型转变，从村庄民房向社区楼房的过渡。要实现真正的生产生活的城镇化，需要广大居民有长时间的适应性和转变。一方面，社区居民对土地流转存在普遍的担忧，即原有宅基地、耕地的补偿不足，或后续保障不足，甚至是尽管不想接受，但随着城市化和产业空间的演进，也不得不接受家庭土地被征收；另一方面，产业集聚区按照承诺为社区居民家庭提供一份就业岗位，基本上为绿化员、保洁员、保安等岗位，尽管保障水平并不太高，但以务工收入取代务农收入后，年收入水平有了显著提升。调研表明，搬迁前后相比，生活条件得到明显改善的占 76.3%，通过土地置换，手中普遍有了积蓄，子女上学负担明显减轻，新型农村合作医疗等社会保障水平不断健全，大多数家庭较好实现了城镇化进程的顺利推进与演化；条件没变与恶化的家庭分别为 3 家、6 家，需要指出的是，条件恶化的家庭认为恶化的原因主要在于家庭收入赶不上物价上涨，家人有生病需要花大钱，同时，也有个别案例是由于户主将宅基地和耕地补偿款转为民间高息贷款，后来本息都难以收回的。

表 5-7　南华社区居住的吸引力要素和主要问题

吸引力要素	比例/%	主要问题	比例/%
干净的街区和生活环境	73.7	住房面积小	13.2
社区周边有企业、方便就业	68.4	没有院子	71.1
村里的人都到社区了、熟人多	39.5	上下楼不方便	63.2
便捷的交通出行	55.2	住楼房不适应	68.4
方便的购物、就医和就学	34.2		

（三）主动型城镇化

主动型城镇化的对象是在产业集聚区就业而居住在社区和产业集聚区以外的人员。产业集聚区提供的就业岗位能够形成一定的区域高地，吸进附近农民前来报名、实习和就业。然而，地理范围的适宜性决定和影响着他们不会在产业集聚区和社区居住，而是以电动车、自行车出行为主，周期性往返就业的部分人员。在每次调研开展过程中，都能看到围绕产业集聚区的往返通勤与企业周边停放的大量的自行车、电动车。以紧邻产业集聚区的杨庄为例，全村现有 70 户，223 人，其中超半数的成年人常年性外出务工，村民非农就业的去向主要在本县，从事建筑业（含装修）和制造业（企业化的生产、加工和装配）；规模较大的小王村，全村现有 315 户，近 1200 人，也常有 1/3 的居民外出务工。从收入水平看，一方面继续从土地经营中得到农产品与报酬，另一方面务工收入开始成为重要的经济来源，两项加总，2014 年两村人均纯收入分别为 0.6 万元和 0.65 万元，大多数农民实现了收入水平的明显增长，但多数仍选择在自家宅基地上自建住房，在县城新区购房的还是少数，在产业集聚区购房居住的更是少数。在 46 岁的杨庄村民杨××看来，"……相对于在县城或产业集聚区安家落户，要花那么多的钱，只需拿出两三千元，买辆电动车就可以天天往返，也都很近很快，还是省多了，而且，每天好些邻居一起出发去上工，还很美嘞……"在他们看来，居家相对于在县城安家还是节约太多了，通勤费用是可以忽略的，有就业有收入比住在县城更实在。但也有越来越多的家庭实现了在县城和城市安家落户，变成了城市市民。小王庄66 岁的耿先生介绍，他的一双儿女均实现了在县城安家落户，儿子是县城公务员，在县城工作，女儿女婿是从事制冷配套产业的民营企业骨干人员，在县城新区安居，孙辈儿童也在县城求学生活，耿先生老两口在横跨县城的老家还兼种着 4 亩田地，恬然养老。

综上，漂移型城镇化受制于区域文化、生活习性等的差异，导致外地来的居民本地融入水平相对不足，沟通合作有待加强；"被动型"城镇化相对顺利，通过在产业集聚区稳定就业实现了空间转型引领市民化发展的"主动"转型；"主动型"城镇化作为"被动型"城镇化的一种延续，外向拓展了城镇化发展的边界，借助地缘优势的通勤式就业或稳定就业实现空间的跃迁，实现了由农民向市民的转换。诚然，"主动型"城镇化居民相对于"被动型"城镇化居民的转型还是少数，但相对更为稳定。

第三节　民权产城融合存在的问题

一、"产城驻滞"延缓了进程

产城驻滞是指产城发展中的相互阻碍。一方面，随着产业发展和经济规模的提升，并未配套相应的城镇化功能，会对产业转移招商引资产生阻碍。由于一些城市新区圈地范围较大，把周边许多农村区域也涵盖在内，使大量的乡村人口未经职业和空间的转换，而只是因为所在地行政建制发生了变化，便一夜之间被动变成了市镇人口。这种虚假的城镇化使得人口城市化的任务非常繁重。城市功能水平的社会服务设施缺口依然很大，城市功能完善还需一个漫长的过程。在搬迁农民入住社区后，诸如技术培训、办理低保等政策因为资金问题尚无法落实。另一方面，仅注重城镇化空间上的推进，在人员和企业进驻等方面吸引力不足，造成统筹规划不尽合理。民权产业集聚区规划建设之初，更多借鉴工业区或产业发展的平台建设，作为产业集聚区人口主要集聚地的社区，位于县城的西南部，与作为未来引领县域经济发展与腾飞、展示城市名片的城市新区，尤其是位于县城东北部高铁站的跨度太大，基本上是跨越了整个县城，未来会形成较大的通勤压力和交通难题。

二、要素配套与服务能力不足

从硬件上说，企业某些高端产品生产线所需的压缩机或者某些原料无法在民权产业集聚区获得，需要花费一定的运输成本从外地获得，这就降低了企业的营利；从人力资源上说，普通职工工作技术含量低，流动性大，增加了企业招工负担，民权劳动力成本优势逐渐丧失。另外，尽管产业集聚区承载企业从业人员的不断增加，但因为配套设施不健全、社会事业不足与服务滞后等，很多从业人员及数量更为庞大的家属却未能成为市民，这严重削弱了产业集聚区的聚集功能，削弱了产业集聚区对城镇化的推动作用。

三、政府职能转换不到位

产业集聚区管理委员会的法律地位不明确，管理委员会过分注重高行政级别，或在"高新技术""高新技术产业开发区"等名称上着墨过多，而对社会服务方面的统筹考虑或预先设计却不足，对产业集聚区发展规划与城市发展、区域发展规划缺乏整体性考虑，对如何通过产业发展促进产城融合的政策力度不够，现有管理模式尚不能适应产城融合快速发展的需要。

第四节　对策建议

一、夯实基础配套支撑

实现产城融合首要是强化城镇化发展的基础建设与功能配套。首先，进一步招大引强，强力承接国内外 500 强企业、知名品牌企业入驻，巩固完善公共服务平台和科研平台基础建设，向国家级高新技术产业开发区迈进，切实强化产业集聚区产业支撑，做大做强百亿级制冷家电产业集群，建设在全国有影响力和知名度的"冷谷"。其次，营造产业发展环境。做好项目用地保障工作，改进服务方式，解决好企业发展用地瓶颈问题；做好科技创新驱动保障，进一步加强与高等院校的合作力度，积极探索校企合作新模式，同时对院士工作站、检验中心等一些公共服务平台，引导其发挥好作用；做好人才保障工作，在人才引进服务方面，注重搭建平台，为企业研发水平的提高搭建好服务平台；做好企业融资保障，把解决好企业融资瓶颈问题作为重点，整合金融资源，组建由政府主导、社会资本参与的良性发展融资公司，切实为企业发展做好资金保障。再次，提升产业配套能力。在发展工业的同时，重视发展就业容量大、资源消耗低、环境影响小、对提升城市功能品位具有重要作用的第三产业。根据资源禀赋、区位交通优势和发展基础，依托制冷等主导产业，着力培育上下游关联、三次产业融合的产业集群。

二、强力推进县域就近城镇化

就近城镇化的关键在于遵循区域经济发展规律与城市发展规律，科学确定就近城镇化发展的方向和推进节奏，能够让农民充分地就业并较快地增加经济收入。产业集聚区建设要坚持"产城融合"理念，坚持规划的前瞻性和严肃性，高度重视产业集聚区社会服务配套体系建设，不断深化公共服务管理体系建设，集中资源要素集聚，加快体制创新的步伐，使产业集聚区成为新型城镇化发展的重要推动力。打造优良的人居环境是实现要素集聚、推进就近城镇化的重要基础，应明确以县城、新区和产业集聚区为主体的县域城镇化重点，规划建设一批集生态功能、文化功能、景观功能和休闲娱乐功能于一体的城市公园绿地，要在户籍制度、社会保障、教育、医疗、就业等多方面进行制度创新与探索，解决进程务工人员在住房、就业、子女入学等方面的实际困难，破除城镇化的机制障碍。

三、高标准创新社会服务

民权产业集聚区要以产城融合为重点，把社会事业建设作为提升城市功能的重要切入点，高标准创新社会建设理念，制订和完善城市新区社会服务功能行动纲领，积极培育社会建设多元主体。一是高标准建设教育、医疗等公共服务设施，提升教育、医疗水平，使进城务工人员享受高水平的公共服务水平，增强教育、医疗的牵动作用。二是大力鼓励社会力量进入公共服务领域。按照"规划设计阶段""功能开发与提升阶段""体制创新与内涵建设阶段"的逻辑推进就近城镇化，切实缓解居民对公共服务的需求压力。三是深入推进政府职能转变，除最基本的公共服务由政府负责提供外，更多地要通过政府购买等方式向社会（非政府组织、中介机构和私人部门）转移，而政府应更多地加强对公共服务的监督。

四、发挥政府与市场合力

作为传统农区新型的工业园区和产业承接地，民权产业集聚区要充分借助政府力量和市场激励。产业集聚区基础设施建设、城市功能配套、招商引资等都有待于政府政策支持，要以市场力量引入社会资本，配置要素资源与产城配套。改变以往更多侧重产业园区工业经济指标的传统，将产城融合作为产业集聚区建设的"硬"指标，并在考核内容上提高生态环境、基础设施、服务配套等产城融合指标的权重，引导产业集聚区向产城互动、融合发展的良性逻辑演进。

第六章 "三农"视角下河南县域城镇化系统分析

在分别对四种模式的县域城镇化分析基础上，有必要对河南的工业化城镇化进程进行梳理分析，站在省域的视角看待城镇化进程，在历史的大视野下、在规律把握中、在田野调查的基础上，以省域为单位统筹考虑县域城镇化的动力和路径问题，加快河南"四化"同步发展和现代化进程。

第一节 坚持遵循规律，准确把握工业化城镇化进程

一、工业化发展阶段评价指标体系构建

从一定意义上讲，现代化是由工业革命引发和带动的，现代化的过程就是工业化城镇化的过程。从广义上讲，工业化是一个国家或地区从传统农业社会向现代社会转变的进程，需要在工业化的历史进程中协同城镇化、农业现代化和信息化问题。关于工业化发展阶段及其判断指标体系的理论，国外学者已进行了较为完整的研究，形成了比较成熟的评判标准。国外学者对工业化进程的量化测评研究一般是从工业结构、产业结构、从业结构、人均收入水平、城镇化率等方面进行测度，主要代表人物有霍夫曼、库兹涅茨、克拉克、钱纳里与赛尔奎因、科迪等人。这些典型的量化测度方法受到了国际国内的普遍认可和广泛采纳。由于世界各国进行工业化的初始发展水平不同，资源环境、人口状况、制度文化背景也有很大差别，对一国或一个地区工业化发展阶段评价，必须结合该国或该地区的具体情况，确定基本实现工业化的评价标准。

（一）人均GDP

钱纳里根据人均GDP，将不发达经济到成熟经济整个变化过程划分为三个阶段，提出的工业化阶段划分的标准，根据2014年的通货膨胀率折算后如表6-1所示。另外，根据世界银行2013年新标准，人均GDP低于1035美元为低收入国家；

人均 GDP 为 1035～4085 美元为中等偏下收入国家；人均 GDP 为 4085～12 616 美元为中等偏上收入国家；人均 GDP 不低于 12 616 美元为高收入国家。综合这两个标准，我们选择 12 000 美元作为标准值。

表 6-1　钱纳里的工业化发展阶段

时期	人均 GDP 变动范围（2014 年）/美元	发展阶段	
1	816～1 632		前工业阶段
2	1 632～3 231		初期
3	3 231～6 561	工业化实现阶段	中期
4	6 561～12 193		后期
5	12 193 以上		后工业化阶段

（二）产业结构

根据前述西蒙、赛尔奎因与钱纳里等的研究，均认为当第一产业的比重降低到 10%左右时，工业化进入后期阶段。基于此原因，我们确定第二、第三产业总产值在国民生产总值中的比重达到 90%为产业结构的标准值。

（三）就业结构

根据配第–克拉克定理，发现人均 GDP 在 1000 美元（1964 年）以上时，即当进入工业化后期阶段时，三次产业的就业结构为 15.9∶36.8∶47.3，即第二、第三产业就业人口在全社会就业人口中的比重接近 85%。因此，我们确定选用 90%作为标准值。

（四）城镇化率

钱纳里的研究还发现，人均 GDP 在 800～1000 美元（1964 年），即进入工业化后期阶段时，对应的城市化水平为 60.1%～65.8%。因此，一般认为工业化国家城市化水平应在 70%以上。考虑到河南作为农业大省，以及统计指标的差异，我们将城镇化率的标准确定为 65%，比国际上 70%的指标降低了 5 个百分点，以适合国情省情。

二、河南工业化发展阶段评价分析过程

在确定了人均 GDP、产业结构、就业结构和城镇化率四个经典指标的基础上，以河南为样本对工业化发展阶段进行了如下分析。

第一步，数据收集。通过查阅《河南统计年鉴》，收集到所需指标的数据，主

要包括人均 GDP、各产业的总产值、各产业就业人数和城镇化率。

第二步,数据预处理。我们采取了如下标准化方法对上述指标进行同度量处理,以消除指标量纲的影响,使得指标能够进行同级综合。

当 x 为正极性指标时:$x_i' = \dfrac{x_i}{x_{i0}} \times 100$

当 x 为负极性指标时:$x_i' = \dfrac{x_{i0}}{x_i} \times 100$

式中,x_i' 为指标的无量纲化值;x_i 为指标实际值;x_{i0} 为指标 x_i 的标准值。

第三步,确定权重。采用了德尔菲法对指标体系进行了赋权,人均 GDP、产业结构、就业结构和城镇化率的权重分别是:40%、20%、20% 和 20%。

第四步,利用"加法合成法"来计算工业化水平的综合评价值为:$K = \sum$(各指标的评价值×各自的权重)。得到表 6-2 所示 2010~2014 年河南工业化发展水平指数值。

表 6-2 2010~2014 年河南工业化发展水平

项目	2010 年	2011 年	2012 年	2013 年	2014 年
人均 GDP	32.82	34.20	38.55	42.46	46.48
产业结构	95.76	96.92	97.26	97.40	97.88
就业结构	61.22	63.22	64.67	66.56	65.89
城镇化率	59.69	62.46	65.23	67.38	69.54
综合指数	56.46	58.20	60.85	63.25	65.25
发展阶段	中级阶段前期	中级阶段前期	中级阶段中期	中级阶段中期	中级阶段中期

借鉴国内外学者对工业化研究的成果,设定如下工业化发展水平评价标准。

(1)当 0<K<50 时,处于工业化初级阶段

当 0<K<25 时,处于工业化初级阶段的前期;当 25<K<50 时,处于工业化初级阶段的后期。

(2)当 50≤K<80 时,处于工业化中级阶段

当 50≤K<60 时,处于工业化中级阶段的前期;当 60≤K<70 时,处于工业化中级阶段的中期,当 70≤K<80 时,处于工业化中级阶段的后期,此时可视为基本实现工业化。

(3)当 K≥80 时,处于工业化高级阶段

由表 6-2 和图 6-1 可以看出,河南 2010~2014 年工业化发展水平在逐年提高,但后两年增幅趋势却在下行。至 2014 年河南已进入工业化中级阶段的中期。

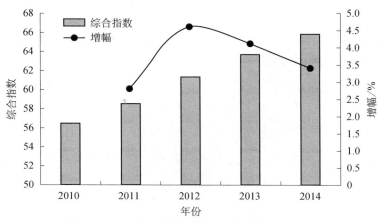

图 6-1　2010～2014 年河南工业发展水平及增幅

三、河南工业化城镇化协调程度分析

城镇化是一个农村经济不断向城市经济转变的过程,是第二、第三产业投资、生产技术和生产能力不断积聚发展的过程,它为工业化的发展提供了载体和环境。根据城镇化与工业化的发展关系和阶段来看,主要有同步城镇化、过度城镇化、滞后城镇化和逆城镇化四种模式。美国、英国等一些发达国家属于典型的同步城镇化模式;墨西哥等一些拉美国家由于政府投资政策的"城市偏好",其城市化水平明显超过工业化和经济发展水平,属于过度城镇化模式;而我国工业化发展过程中普遍存在的一个基本特征就是城镇化滞后。城镇化是工农业经济发展到一定阶段的必然产物,根据循环累积因果关系理论,在工业化过程中,由于其自身经济规律的驱使,人口与资本不断向城市聚集,互为因果,加速发展,城镇化与工业化的关系呈现明显的正相关性。吕政等(2005)指出,虽然城市化和工业化之间的协调存在一定的规律性,但在工业化和城市化初期,工业化影响和推动城镇化是重要特征;在工业化和城市化中期阶段,双方互动发展成为主要特征;在工业化和城市化的成熟期,工业化的作用开始淡化,城市化则成为经济发展的重心(Northam,1975)。

近年来,河南正处于工业化和城镇化加速推进阶段,工业化发展水平和城镇化率逐年上升,但城镇化是否滞后于工业化发展、程度如何,这里将通过经典的 NU 值方法对河南工业化和城镇化的协调程度进行分析。所谓 NU 值判断,就是指非农化与城镇化率的比值,然后根据计算出的 NU 值来判断城镇化是否滞后工业化,具体计算公式为

$$NU = N/U$$

式中，$N=L_n/L\times100\%$，$U=P_u/P\times100\%$。其中，N 为非农化率；U 为城镇化率；NU 为非农化率和城镇化率的比值；L_n 为从事第二、第三产业劳动力的综合；L 为第一、第二、第三产业劳动力综合；P_u 为城镇人口；P 为总人口。

可根据表 6-3 中的国际通用 NU 值及其表示的城镇化发展程度来判断河南工业化和城镇化的协调发展程度。

表 6-3　国际通用 NU 值及其表示的城镇化发展程度

NU 值	城镇化与非农化发展协调程度
1.2	说明城镇化与非农化的发展比较合适，二者关系呈现耦合协调发展状态
<1.2	说明城镇不仅集中了从事非农产业的人口，也集中了大量农业人口，反映城镇化发展超前，NU 值越小，城镇化超前程度越明显
>1.2	说明有大量从事非农产业的人口仍旧分布在农村，城镇化滞后，且 NU 值越大，城镇化滞后程度越明显

通过查阅《2015 河南统计年鉴》可知，2014 年，河南第二、第三产业从业人员分别为 1996 万人和 1873 万人，三次产业全部从业人数为 6520 万人。城镇人口为 4819 万人，总人口为 10 662 万人。因此，将上述数据分别代入如上公式得

$$N = L_n / L \times 100\% = (1996 + 1873) / 6520 \times 100\% = 59.34\%$$
$$U = P_u / P \times 100\% = 4819 / 10\ 662 \times 100\% = 45.2\%$$
$$NU = N / U = 59.34\% / 45.2\% = 1.31$$

显然，由上述计算结果可以看出，河南 2014 年 NU 值为 1.31，大于标准值 1.2，这说明河南大量从事非农产业的人口仍旧分布在农村，城镇化与工业化明显呈现出不协调特点，换言之，河南城镇化进程落后于工业化进程。

为了与表 6-3 中的标准值对比，将上述结果代入后可以看出，河南常住人口城镇化滞后程度为

$$（1.31-1.2）/1.2\times100\%=9.17\%$$

很明显，目前河南面临着城镇化与工业化协调不力的现状，即城镇化明显滞后于河南的工业化进程，这需要加快城镇化进程，既避免过度城镇化，也要注重解决城镇化与工业化不协调发展的过程。根据河南"大城市、大农村"并存的基本省情，加之人口多、乡土情结浓，坚持大城市和县域城市并举的发展思路，在打造中原城市群和大郑州都市区的同时，注重县域城市的发展，这样更有利于促进工农和城乡协调发展，可以有效提高农业劳动生产率和城乡居民收入，促进农业规模经营、农村经济跨越发展、农民素质全面提升，通过资源要素的结构性整合和经济空间结构的优化，加快传统农区的现代化进程。

第二节　坚持分类引导，以人为本推进新型城镇化

一、基本分类

中国共产党河南省第十次代表大会报告提出，坚持分类引导，推动各地向心发展、错位发展、互动发展，建设郑州国家中心城市，巩固提升洛阳中原城市群副中心城市地位，推动产业基础和配套条件好的城市提质发展，资源型城市转型发展，农业比重大的市跨越发展，形成多点支撑带动全面发展的局面。从全省城镇化发展的大格局出发，从大的城市群，再到县域城镇化，应积极适应不同区域的特点，采取分类施策的方法，从 3 个层面逐步推进。

一是建设"郑州大都市区（郑汴新许焦）+洛阳副中心"沿黄河大都市连绵带（大都市连绵带，最初由法国地理学家戈特曼提出，主要是强调多个大城市在市场机制作用下，以共享、合作、分工、交流为主导，发挥各自优势共享要素和经济成果，形成巨型的城市复合体），这一地区包括郑州、汴西新区、新乡、许昌、焦作为主的大郑州都市区，以及巩义、偃师、洛阳市区等，其工业化城镇化发展水平高，应大力推进以内生城镇化为重点的"全域城镇化"，把郑州市建设成为城市千万人口的国家中心城市，在工业化发展水平较高、就业较为充分的地区布局建设农村新型社区，为新型工业化、现代高效农业发展腾出空间；在农村通过推动龙头企业融合型城镇化模式，建设宜居宜游的美丽乡村，为都市人群提供休闲娱乐的新空间。根据中国实践经验归纳，"全域城镇化"有三层含义：①全域城镇化是指在一个地级或县级区域内，城乡居民的居住条件、生产方式、生活方式、收入水平趋同化，基本公共服务平等化；②全域城镇化是城乡一体化的表现形式和最高境界，是居民共享改革发展成果权益的重要载体；③全域城镇化并不要求所有村庄都建成城镇、所有农民都进入城镇并改变户籍性质，城镇化并不是不要农业、农村和农民；它强调"看得见山、望得见水、记得住乡愁"，强调城乡结构和谐、功能互补，城市更像城市，农村社区的功能城镇化，风貌乡土化，利于农民生产和生活。

二是立足省辖市创新转型重点建设一批中等城市。据研究，在 100 万～400万人口规模区间的城市规模净收益为最大值。河南的 18 个省辖市在城镇体系建设中，起到承上启下的作用，应加快建设百万城区人口的中等城市，建设人口集聚中心、工业制造中心和区域文教中心。特别是对 "洛平三济""濮安鹤"工业化基础较好的城市，应建设资源型城市群转型创新发展城市圈，大力推进"内生城镇化+外生城镇化"两种类型共同推动的城镇化，依托工业化基础，最大限度地吸

纳县域人口迁移省辖市,发展 100 万以上人口的区域中心城市,在城市和周边通过发展产业、建设社区作为吸纳农民工市民化的重点,在改造提升现有产业的同时,减少农村人口,大力推进相关产业的规模化生产;在县域地区应积极利用发挥中心城市成熟的工业化理念和工业化成果,运用学习机制和溢出效应,以工业化的理念带动促进发展农业,通过推动龙头型企业下农村、返乡创业、产业转移等方式,加快县域工业化、推动农业规模经营、建设新农村,做大县域经济。

三是以传统农区跨越发展为重点加快县域城镇化。河南传统农区所在的商丘、周口、信阳、驻马店、南阳及漯河等地,都是典型的传统农区或围绕"农"字发展的地区,这些地区普遍呈现出农业区域大、农村人口多,中心城市带动作用不强,且工业化城镇化发展水平相对滞后,外出务工人员较多等特点。要抢抓传统农区以招商引资和承接产业转移加快工业化城镇化的历史机遇,应以破解"三农"难题的县域城镇化模式为重点选择,建设一批 30 万~50 万人口级别的县域城区,再合理布局几个 3 万~5 万人级别的小镇,重点通过返乡创业、产业转移等外生城镇化,大力推动农民工市民化、新农村建设、农业规模化。在县域城区以产业集聚区为载体通过有效承接产业转移加快产城融合,在城镇区域通过返乡创业带动就近就业,在农村大力培育新型职业农民和技术型农民开展农业等相关产业的规模化经营,加快传统农业向现代农业、工业化的跨越,实现就地城镇化。

二、基本策略

根据以上研究成果,按照分类推进、有序实施的思路,提出河南推进城镇化的基本策略,见表 6-4。

表 6-4　河南分类推进城镇化的基本策略

区域	侧重点	城乡分类	规模特征	推进模式	核心载体	农民工进城度
沿黄河都市连绵带	以内生为重点的全域城镇化	城市周边	千万级别城市	政府主导推动	农村社区+政府规划	身份城镇化
		农村	农村新型社区	龙头企业融合	龙头企业+农业规模化	生活城镇化
转型创新发展都市圈	以"内生+外生"为重点的区域中心城镇化	城市周边	百万级别城市	政府主导推动+产业转移拉动	农村社区+产业集聚区	身份城镇化
		农村	新型社区+美丽乡村	龙头企业融合+返乡创业	龙头企业+能人创业	生活城镇化
传统农区跨越发展示范区	以外生为重点的县域城镇化	城镇周边	30 万级别城市	产业转移拉动	转移企业+产业集聚	身份城镇化
		农村	美丽乡村	返乡创业带动	能人创业+带动就业	身份城镇化

积极稳妥地推进乡镇工业推动型城镇化。工业化是城镇化的原动力，要在工业化相对发达的地区和城市，积极稳妥地推进农村新型社区建设，需要政府、企业和民间组织的多主体参与。对农村新型社区建设既不能冒进、也不宜全面停止，要正确理解农村转移人口市民化与农村新型社区建设的关系，条件成熟的地方可以村民变市民，实现农民就近城镇化，地域上重点在城中村和城市近郊村、城市新区、产业集聚区规划建设新型农村社区，产业上第二、第三产业发达、农民充分就业，而且以非农产业就业为主。要坚持以人为本、因地制宜，一是坚持以人为本，尊重群众意愿，不搞强迫命令、不搞强制搬迁。二是坚持统一规划、分步实施，依据产业和就业结构变化，合理布局农村新型社区。三是坚持因地制宜、突出特色，突出地方特点，彰显文化特色，保护传统风貌，不搞"一刀切"。四是坚持统筹兼顾、综合配套，统筹推进农村新型社区和产业园区建设，配套完善基础设施和公共服务设施，妥善安置农民拆旧进城以及今后的生产生活。

大力推进龙头企业融合型城镇化。绿色安全食品必须溯源至田间地头，以第二产业为龙头带动第一产业、辐射第三产业，实现农业规模化经营，要大力推进龙头企业融合型城镇化。发挥河南食品工业大省、农业大省的比较优势，把重点放在县域农村，关键放在龙头企业的培育和成长，核心放在农民收入提高上，加快三次产业融合发展。要坚持突出主导产业，在稳定提高粮食生产能力的基础上，突出农产品加工业和食品工业的主导地位；尊重农民意愿，强化利益联结，保护和调动农民的积极性；坚持因地制宜，综合考虑产业基础、区位优势、市场条件、资源禀赋等因素，开发农业多种功能，探索农村三次产业融合发展的新模式、新机制。要狠抓关键环节：一是要以全产业链龙头为带动，坚持扶持培育和开放引进两个途径，支持具有比较优势的龙头企业，以资本运营和优势品牌为纽带，开展跨区域、跨行业、跨所有制的联合与合作，组建大型现代企业集团。二是要以产业化集群为支撑，产业化集群不是单个企业，而是以产业链为纽带、上下游关联、相互配合、分工协作、风险共担、收益均享的产业组织形式，本质要求是产业链拉长和价值链提升。三是要以新型农业经营主体为基础，积极发挥农业产业化龙头企业、农民合作社、家庭农场、种养大户等新型农业经营主体的作用，发挥市场机制的作用，强化政府引导服务。四是要以机制创新为动力，创新土地流转管理服务机制、农村金融支持机制、新型农业经营主体培育机制等，尤其是农村金融服务要跟上。

强力推进返乡创业带动型城镇化。人往家乡走，钱往家乡投。返乡创业是促进区域协调发展、破解迁徙、留守的有效途径，也是重构乡土中国的基本要素，要大力推进返乡创业带动型城镇化。新时期一大批靠在外挣到大钱的农民工，积累了丰厚资金的能人贤士，纷纷从外地返回家乡，投资兴业。政府要因势利导，构建返乡创业"全生命周期"支持体系，凝聚"创业还是家乡好"的共识，建立多层次、多样化农民工返乡创业格局。一是把农民企业家返乡创业纳入招商引资计划，支持各地把承接产业转移与引导豫籍企业家回家乡创业相结合，组织开展农民企业家返乡创业服务专项活动，鼓励农民企业家返乡投资创业。二是引导和支持返乡农民工在产业集聚区、商务中心区和特色商业区创业，实现集聚发展。鼓励和引导积累了一定资金、技术和管理经验的农民工，顺应河南消费结构和产业升级的市场需求，抓住机遇创业兴业。三是支持返乡农民工创办领办专业大户、家庭农场、农民合作社、农业产业化龙头企业、农村专业技术协会和社会化服务组织等新型农业经营主体，促进新型农业经营主体和新型职业农民一体化发展。四是鼓励返乡创业农民工充分开发乡村、乡土、乡韵的潜在价值，发展现代农业、休闲农业和乡村旅游等，加快三次产业融合发展。五是加快推动发展农村电商，打造集渠道建设、电商平台、双向流通、人才培育、农村金融等为一体的农村电子商务生态链和生态圈，吸纳更多返乡农民工开展"互联网+"创业。

着力推进产业转移拉动型城镇化。以产业梯度转移促进产城融合，以产业带动就业、加速城镇化，是农区县域工业化城镇化跨越发展的有效途径，要大力推进产业转移拉动型城镇化。抢抓沿海地区向中西部地区产业转移机遇，以产业集聚区为载体，千方百计承接产业转移，按照同类+关联产品集聚、整机+零部件集聚、制造+服务集聚等模式，增加企业数量、扩大优质增量，加速推进产城融合，强化产业集聚区新型城镇化主载体的作用。一要强调"城工并重"，把"集产业、聚人口"作为新型城镇化有效推进的基础条件、先决条件，突出"城工并重""产业与就业并重""产业集聚与人口集聚并重"。二要强调增加就业，把劳动密集型产业和劳动技术密集兼并的产业作为产业集聚区承载的重点，鼓励和支持中小企业和配套企业发展，发展生产性和生活性服务业，发挥其对农区的就业的拉动和吸纳功能。三要在政策上强化产业集聚区就业人员的市民化，与县域房地产去库存、壮大城区人口有机结合起来，清除进城务工人员市民化的各种制度障碍，统筹协调户籍、社会保障、教育、保障性住房等相关公共服务资源的配置，为产业集聚区务工人员转户进城创造各种有利条件。

（一）河南实践之一：河南积极鼓励和支持外出务工人员返乡下乡创业

河南把鼓励和支持外出务工人员返乡创业作为一项重要工作来抓，加强统筹谋划，扎实有效推进，呈现出良好态势，取得了初步成效。2016年以来，河南农民工返乡创业累计86.8万人，创办企业44.7万个，带动就业435.8万人。外出务工人员返乡创业，不仅改善了农民结构、扩大了社会就业，而且激发了经济活力，带动了产业扶贫，为促进农村经济社会发展增添了新动能。

1. 完善政策体系，营造浓厚氛围

返乡农民工创业意愿强，但"怕"的心态比较重。为了打消返乡创业者"不敢来"的顾虑，坚定返乡下乡创业的信心，河南省政府制定了一系列的优惠政策，并广为宣传，营造支持返乡创业的浓厚氛围。

（1）制定完善政策。河南省人民政府办公厅印发了《关于支持农民工返乡创业的实施意见》，省直有关部门制定了《财政支持农民工返乡创业 20 条政策措施》《河南省农民工返乡创业投资基金实施方案》《河南省农村承包土地的经营权抵押贷款试点工作实施方案》等政策文件，在财政、税费、金融等方面及创业场地、项目孵化、融资担保、技能培训等具体问题上做了明确规定。为了推动政策落实，总结实践经验，不断完善政策体系，河南省政府定期召开全省农民工返乡创业工作推进会和经验交流现场会及全省推进农民工返乡创业工作领导小组会议。各市县也都结合当地实际，出台了具体政策。郑州将返乡下乡创业园、返乡下乡创业公共服务建设纳入政府规划。信阳在强化创业项目、财政扶持、场地使用、金融服务等具体支持的同时，还在户籍管理、子女入学、创业保障等方面提供宽松环境。

（2）营造浓厚氛围。河南省推进农民工返乡创业工作领导小组办公室与省委宣传部联合制定宣传方案，组织十几家中央、省新闻媒体单位深入省内各有关市、县及创业园区，对返乡创业典型及有关政策进行了集中宣传。各地利用广播、电视、报纸、网络、微博、微信等多种媒体，积极宣传创业政策、创业精神、创业事迹、创业成效。河南省政府隆重表彰了 50 名"农民工返乡创业之星"，并在《河南日报》陆续报道。各地也都组织开展了返乡下乡"创业之星"评选。驻马店组织创业典型到县区巡回宣讲。濮阳开展了"一村一面墙、一乡一条街、一县一专栏"宣传行动，让群众出门可见宣传墙、进镇可见宣传街、电视可见英雄榜。通过大力宣传，广泛凝聚了"创业还是家乡好"等共识，极大地调动了外出务工人员返乡下乡创业的热情，想创业、议创业、盼创业的氛围日趋浓烈。

2. 开展示范创建，着力引凤还巢

河南注重发挥示范带动作用，认真抓好示范县、示范园区、示范项目的创建，通过创业典型的引领带动，为返乡下乡创业树起旗帜、立下标杆，引凤还巢，形成较强的"雁归效应"。

（1）开展示范创建。河南省政府制定了返乡创业示范县、示范园区、示范项目的相关评审认定办法，确定了 20 个省级返乡创业试点县，评审认定了 28 个省级示范园区和 50 个省级示范项目，作为返乡下乡创业的标杆。各地也积极开展创建了一批市级、县级示范园区、示范项目、示范乡镇。漯河对达到市级返乡下乡创业示范园区、市级创业孵化基地和省级创业孵化基地标准的分别给予 10 万元、

20 万元和 50 万元的一次性奖补资金。开封对评审认定的示范乡镇给予 50 万元奖补和相应的政策扶持。

（2）着力引凤还巢。树高千丈，落叶归根。外出务工人员多年在外打拼，具有看重家庭价值、社会信誉以及创业成功回报家乡的浓厚情结。河南省相关领导多次指出，鼓励农民工等人员返乡创业，要在"情"字上用心用力，真正把外出务工人员当亲人、当家人，主动亲近、积极关心他们、诚意帮助他们。在河南省政府的引导下，各地大力实施"凤还巢"工程，一些地方党政主要领导带队到外出务工人员集中的地方走访看望，或利用过年过节登门拜访，沟通感情、通报情况、宣传政策，诚邀他们回乡创业，不仅促成一批在外河南籍企业主毅然把企业搬回家乡，也促使回乡创业、报效家乡成为一种价值追求。汝州针对 5 万余名汝州籍外出务工人员在浙江柯桥从事机绣纺织产业的优势，主要领导"七下柯桥"开展亲情招商，引回 160 余家机绣企业、1300 余条生产线，带回产业工人 8600余人。随后，汝州进一步加大支持返乡创业力度，制定了扶持返乡创业 80 条措施，不断扩大规模效应，形成了汝绣产业园、汝瓷小镇、汽车装备产业园、智能终端等产业园区，实现了主要以煤炭水泥生产为主的资源型城市向产业更加完善的现代区域中心城市的转型，为资源枯竭地区转型发展探索出了一条新路子。鹿邑实施"亲情招商"，鼓励在江浙一带从事尾毛加工的中小企业主回乡创业，引回化妆刷生产企业 83 家，形成了化妆刷产业集群，吸引了韩国、日本的企业跟进落地。信阳新县在京务工成功的张思恩回乡将乡村旅游与"农村、农业、农民"融合，带动 200 多名在外打工的村民回村创业，给沉寂的乡村带来了新气象。

3. 优化创业服务，加强引导支持

为了让返乡创业者少走弯路、不走错路，提高创业成功率，河南要求人力资源社会保障等部门积极主动地提供贴身式、保姆式、个性化的服务，加强创业指导培训，搭建创业平台载体，让返乡人员更多地享有公共服务。

（1）优化创业服务。多数市县都设立了"返乡下乡创业综合服务中心"，提供注册登记、政策咨询、创业指导、社保关系接续和优惠政策享受等"一站式"服务。根据外出务工人员创业意愿和特点，利用多种培训场所、培训资源、培训基地，采取直接培训和购买服务等多种方式，提供多层次、多类别、多阶段的创业培训，2016年河南全省开展返乡创业培训 4.8 万人。孟津等地筛选当地企业家、创业成功人士、政府工作人员组成"创业指导师志愿团"，为创业者提供创业项目评估、开业指导等服务，实行结对帮扶。兰考成立 5 个企业服务领导小组，对接全县 26 家重点企业，规定每周至少去企业一次，了解用工需求和培训需求，帮助解决疑难问题。

（2）加强引导支持。鼓励返乡下乡人员进入产业集聚区、商务中心区、特色商业街区、电子商务园区创业。积极整合现有资源，解决返乡下乡人员创业用地问题。鲁山利用闲置厂房，建成电商孵化园、丝绵产业创业园，吸纳返乡农民工入驻电子商务企业 28 家。宜阳依托县培训中心建立农民工返乡创业园，吸纳农民工返乡创业 135 人，创办企业 22 家。在提升行政服务效能上动脑筋。深化商事制度改革，简化登记注册手续，优化服务流程，提高服务效率，激发了返乡下乡创业的市场活力。开封在全国率先实现"二十二证合一"，极大地提高了商事主体的市场准入便利化程度。不断加大资金支持力度，省级设立了总规模 100 亿元的"农民工返乡创业投资基金"，部分市县也设立了创业基金。推行"政策性贷款+商业性贷款"组合模式，平抑商业性贷款利率，降低农民工创业融资成本。探索试行失业保险金补充创业贷款担保基金办法。允许创业担保贷款基金不足的县市，在坚持财政筹集主渠道、失业待遇正常发放的前提下，每年按需借用部分失业保险基金，补充创业担保贷款担保基金，提高了担保能力。采取自然人担保、园区担保、财产担保、公司+农户担保等形式，降低反担保门槛，加大贴息力度。加强与商业银行合作，签署战略合作协议，促进创业贷款规模持续扩大。2016 年以来河南全省新增发放创业担保贷款 156.7 亿元。

4. 强化"三个对接"，助力脱贫攻坚

河南把鼓励和支持农民工等人员返乡下乡创业作为助力农村脱贫攻坚的重要手段。特别强调，推进外出务工人员和青年大学生返乡创业，既是脱贫攻坚的有力抓手，又是脱贫攻坚的有效途径。

（1）强化"三个对接"。把鼓励返乡下乡创业与脱贫攻坚紧密结合、有机衔接。一是思想上对接。各个部门都有扶贫任务，都有帮扶责任，省政府要求，各部门在思想上和行动上要做到同心、同向、同步。二是政策上对接。鼓励和支持返乡创业的政策与脱贫政策的指向一致，都是让群众富裕起来，让地方发展起来，让社会和谐起来，要把政策用活用好。三是力量上对接。返乡创业工作由人社部门牵头，脱贫攻坚工作由扶贫部门牵头，两股力量要加强协调配合，分工不分家，拧成一股绳，真正形成思想合力、政策合力和工作合力。

（2）助力脱贫攻坚。各地按照省委省政府的决策导向，积极引导返乡农民工依托农业优势发展特色种植养殖业，依托环境资源优势发展特色旅游业，依托农副产品资源优势创办加工企业，依托人力资源优势创办劳动密集型企业。同时，吸纳有劳动能力的贫困群众进农民专业合作社、家庭农场、农业龙头企业等新型农业经营主体，实现了从贫困人口到合作社股东和产业工人的转变，帮助贫困人员脱离就业无门路、收入无保障的困境，达到稳定脱贫效果。淮阳的唐书景返乡创业后，在小县城里打造世界级帽子生产企业，公司年产值 1.5 亿元，安置劳动力1200余人,带动家乡人实现了就业致富的梦想。平舆的刘凯、陈华伟返乡创业生产藤编家具和特斯林家具,在全县72个贫困村开设藤编实训加工点,帮助当地1.2万名农村妇女和贫困人员就业。虞城的褚献委回乡领办幸福种植专业合作社,创建了"合作社+公司+基地+农户+休闲乡村旅游"新业态模式,年产蔬菜4000多吨,带动周边贫困户401户脱贫。淇县吸引21名淇县籍在外成功人士回村任职,带领村民创业就业、脱贫致富,达到了一人带一村、一村带一片的效果。

(二)河南实践之二:巧媳妇工程

长期以来,河南服装行业协会抢抓国内外服装产业转移机遇,紧密结合省内人力、土地、交通、园区建设等资源优势,按照"一台缝纫机,致富一家人""人人有活干,人人有钱赚,社会就和谐""就近就地就业,体面劳动致富"等服装产业扶贫理念,动员骨干企业,组织招商引资,把服装行业产能下沉到"巧媳妇人力资源地"——县、乡、镇、村,在农业大县、人口大县、贫困地区,全面开展"巧媳妇工程"服装产业扶贫活动,努力探索产业扶贫与导入壮大服装产业相结合;产业扶贫与培育服装产业集群、服装特色名镇、特色园区相结合;产业扶贫与在贫困地区县域经济打造服装主导产业相结合的行业发展和扶贫攻坚"三结合"的新路径,取得了良好效果。

1. "巧媳妇工程"构想的由来

随着服装产业产能不断增大,建在城市的服装企业出现了工人"不好招、留不住、用不起"的问题。河南省服装行业协会在调研解决服装企业用工问题的工作中,发现农村量大面广的青壮年已婚妇女,"无奈地留守农村、无聊地赋闲在家、无助地忍受贫穷",她们外出不现实,渴望有活干,挣钱无门路。然而,服装行业具有引导贫困妇女实现就业脱贫的天然特质。服装行业市场容量大、产品弹性小、吸纳就业多、带动能力强,新技术应用效率高,不排污不冒烟,可以兼顾国际国内两个市场,是劳动密集型产业、民生产业、文化创意产业和时尚产业。

市场容量大。人从出生起就需要衣服,再也离不开。而且,服装产品的社会文化内涵极为丰富,从个人角度讲,穿得越好信心越足;从社会角度讲,服装品类越丰富,社会活力越充足。因此,经济社会发展越快,对服装产品的需求数量越大、品质要求越高。这些都决定了服装市场不论在销售量上,还是在销售额上,都会长期保持一个向上发展的趋势。

产品弹性小。从消费形态上看,服装与农产品和电子产品类似,都是当前人们生活中不可或缺的。但在销售模型上看,服装却拥有得天独厚的"不老女神"气质。不像农业"丰产减收""谷贱伤农",电子产品迭代迅速,类似的产量、气候、迭代等因素对服装产业的影响微乎其微，弹性波动几乎看不到。

吸纳就业多。服装装备在未来一段时间内，依靠科技进步，仍然很难大量减少操作工人人数。尽管当前装备智能化已经大大提高了效率，但提高的效率远远跟不上消费的增长。因此，服装业吸纳就业多这一劳动密集产业特征，短期内无法改变。而吸纳就业多恰恰符合河南农业人口多，农业大县多的实际。

带动能力强。服装业从纺织到服装，从裁剪缝纫到整理运输，从批发到零售，千丝万缕，产业链漫长，从业人员众多，与之相关的餐饮、娱乐等第三产业也与服装产业聚集区如影随形。所以说服装业的经济带动力极强。

起步门槛低。服装业发展的起步门槛相对较低，是经济起飞地区产业规划的标配。考察中国香港、中国台湾、新加坡等曾经的国际经济重镇，他们在经济起步阶段，都是从服装贴牌开始，一步步走上时尚名都的宝座。在沿海地区也有一系列成功的例子，广东作为国内经济第一大省，纺织服装产能占全国的20%，服装特色乡镇几十个，每镇服装企业数千家，吸纳就业数万人，带动了特色服装城镇的城市建设及其他产业的快速发展；江苏纺织服装产业是众所周知的支柱产业；天津、上海、大连、烟台、威海、青岛、南通、盐城、台州、温州、厦门、泉州、汕头、汕尾等沿海经济发达地区，无一不是服装大市，这些地区的服装大县、服装大镇都数不胜数。

在深入调研和综合分析的基础上，2012年，河南省服装协会提出并开始试点实施"巧媳妇工程"，拉开了"巧媳妇工程"产业扶贫的帷幕。2015年，河南省服装协会与河南妇女联合会倡导的农村妇女居家灵活就业行动密切结合，联合实施了"巧媳妇工程百千万行动计划"，在河南农村留守妇女集中地区、贫困县和贫困乡村大力推进实施"巧媳妇工程"。通过各级妇联动员能人上项目，动员妇女参与服装加工，协调项目的用工、环境、服务等，初步建立了河南省服装协会与河南妇女联合会的沟通协调和对接机制。之后，多次联合召开"巧媳妇工程"建设推进会、县（市）妇联组织与服装企业对接合作会等会议，有力地推动"巧媳妇工程"项目快速布点，加入推进"巧媳妇工程"的服装企业越来越多，项目点辐射区域报名参与"巧媳妇工程"的村、镇和个体经营者非常踊跃。2017年与河南妇女联合会、河南省扶贫开发办公室、河南省发展和改革委员会、河南省工业和信息化委员会联合召开了"河南服装巧媳妇工程产业扶贫现场会"，在全省广泛推广"巧媳妇工程"服装产业扶贫"鹤壁模式"。河南省服装协会紧紧抓住发达地区服装企业迫切需要向劳动力资源丰富的欠发达地区进行转移的大好机遇，充分发挥专业和渠道优势，广泛建立与市、县政府和江浙等地优势服装企业的互动机制，联合开展服装产业招商引资、产业扶贫和培育产业集群"三位一体"的创新之举，目前，已经在兰考、商水、浚县、鹤山、西平、柘城等数十个县、区建设了一大批"巧媳妇工程"服装产业集群扶贫点。

2. "巧媳妇工程"的基本内涵和运作模式

"巧媳妇工程"就是采取"有限集中，适度分散，两头在园区，缝制进农家，能人挑头，骨干组阁，跟单督导，规范运营"模式，在河南广大农村和新型社区建成星罗棋布的"卫星工厂"和"流水线班组、工段"，在劳力资源丰富的县乡村建设形成服装生产加工产业集群，把许许多多农村"三无"（无奈留守农村，无聊赋闲在家，无助忍受贫穷）状态的"巧媳妇"组织起来，经过严格认真的工业化培训，从第一产业中解放出来，成为现代产业工人。

"巧媳妇工程"服装产业扶贫的模式，就是由行业协会牵头，由大企业带动、大品牌支撑、大订单拉动，"两化融合"起步，把中心工厂建在镇上，把卫星工厂搬到村里，有条件的村委会入股分红，优先安排贫困户上岗工作，把村民经过职业操守、技术技能培训，转化为守纪律、懂技术的新时代产业工人，就近就地就业，体面劳动致富。让他们天天能回家，每周能休息，月月领工资，年年有钱花，能吃团圆饭，能陪全家人，儿童不再留守，老人不会空巢，家家都能过上有规律、有品质、有节奏、有文化的快乐生活，真正实现家门口上班，不出村赚钱，家家幸福团圆。

"巧媳妇工程"建设的主要做法。一是以产业集聚区品牌企业为龙头，通过服装企业下乡进村建设卫星工厂、新型社区工厂和流水线班组、工段，下沉产能，把闲散在农村的青壮年已婚妇女吸引到服装企业务工，让她们足不出村或居家就近掌握一技之长，过上脱贫致富、居家美满的生活，让服装企业扩大产能有了稳定的人力资源保障。"能人挑头、骨干组阁""有限集中、适度分散""两头在园区、缝制进农家""跟单督导、规范运营"的"巧媳妇工程"运作模式，一经试点就取得了良好效果。二是组织有公益心、有社会责任感、行业使命感、有实力、有资源、有技术、管理规范的企业，探索与政府联合成立产权结构明晰的服装扶贫企业，建设较大规模的智能化中心工厂。每个中心工厂辐射周围 20 千米的 N 个巧媳妇扶贫卫星工厂。让更多的农民居家就业，脱贫致富，促进形成全省拥有百万产业工人的中国服装行业的"富士康"，使"巧媳妇工程"更规范、更有效率、更具活力、更多惠及贫困人口，真正成为精准扶贫的发动机、摇钱树、铁抓手。推动贫困地区从扶贫攻坚导入，通过不断扩大招商引资规模，逐步将"巧媳妇工程"服装产业扶贫点培育发展壮大成为可持续的区域性主导产业集群。

3. "巧媳妇工程"产业扶贫的工作思路与效果

一是以贫困县区为重点，以服装业发展优势县区为先行，由行业协会参与统筹规划、布局，由县、区政府组织，共同建设巧媳妇工厂生产厂房。二是把功能齐全的中心工厂建在人口较集中的镇上，把卫星工厂办到村里，让产能尽可能贴近劳动力来源地，教人以技能，给人以岗位，让留守妇女、贫困人口实现在家门口稳定就业。三是巧媳妇工厂由巧媳妇能人带头，或由企业集团牵头，由行业协会进行引导、协调、规划，导入扶贫扶持资源，安排产销订单等一条龙服务，培植扶贫工厂的造血功能，使其逐步走向自主自立。四是努力探索系统性帮扶路子，鼓励巧媳妇工厂市场化自主运营，从扶贫攻坚入手，逐步由脱贫走向创富，成为地方可持续的主导产业。由于以中小生产企业为主的服装行业最适宜融入县、镇经济和贫困乡村，目前，"巧媳妇工程"正在普遍推进。截至2017年6月，河南已经建成大大小小的"巧媳妇工厂"5500多个，安置留守妇女58万人，创造产值数百亿元，"巧媳妇工程"已经成为助力广大妇女脱贫攻坚的工作品牌。

第三节　适应新常态新趋势，加快县域城镇化进程

为从村庄这一微观视角深入了解农民工市民化、县域城镇化的基本情况，2017年春节前后，按照重点访谈的形式，调研组组织对濮阳范县濮城镇徐庄村、漯河召陵区老窝镇老窝村、南阳新野县城郊乡袁庄村、商丘民权县龙塘镇北村4个不同区域的村庄进行了调研。4个不同区域村庄的基本情况是：①濮阳范县濮城镇（史称濮州），位于范县西南部，距范县城区27千米、濮阳市区35千米，总居住人口7.2万人，石油、天然气、盐矿资源储量丰富，是中原油田油气主产区，是全省百强乡镇之一；徐庄村距离镇政府约200米，人口530余人；②漯河召陵区老窝镇，位于召陵区东北部，距召陵区22千米、漯河26千米，总居住人口6.7万人，培育形成八个万亩型优质农产品基地，老窝村是老窝镇的中心村，人口3000人；③南阳新野县城郊乡，位于新野县东南北三面，呈"U"字形环抱县城，总居住人口9.9万人，拥有4.5万亩无公害蔬菜生产基地；袁庄村距离乡政府3.5千米，人口5000人；④商丘民权县龙塘镇，位于河南省民权县县城西南部，距县城10千米，总人口5.8万人，镇政府驻地龙塘集，龙北村行政村距离镇政府驻地约300米，人口1960人。从4个村的调研中，我们梳理了县域城镇化在新常态下的新趋势新特征新变化，从生活水平、产业发展、进城动力、土地流转、宅基地流转、乡土文化6个方面梳理总结县域城镇化的特点。

一、县域城镇化是适应农村消费升级趋势、以提升生活水平为导向的城镇化

说到农民的消费，对中年人来说，上有老下有小，家庭负担很重，多数人受

教育程度低,技能不高,靠外出劳务养家糊口。由于挣钱不易,花钱更加谨慎,对他们来说生活是维持生存需要即可,能省则省,省不了的尽量节约。但生活中还是有很多花钱的地方的,而且有些花费越来越高。当前农村消费基本支出有5项:一是新盖住房或县城购房花费。现在农村普遍可以看到在原有宅基地和新农村社区内新盖的楼房,二层小楼大概花费30万元,主要目的有为儿女结婚的、也有花钱纯盖房的。也有少部分人在县城买房,制约农民县城购房的主要原因是农民以种地为主,无其他固定收入,在城里住来回种地不太方便。二是婚丧嫁娶。如果家里是男孩,主要开销为结婚支出,娶妻需买房买车,因为儿子结婚而负债的情况也很多。特别值得关注的是,结婚已成为农村的主要开支,如孩子要结婚的话,住房问题因为有了新楼房基本可以解决了,根据惯例,还要准备大约 10万元的"彩礼钱",可能还要给儿子买辆七八万元的汽车,再加上办婚礼,估计还有 20 万元的开销要准备。再有办红白喜事,普通的一桌酒席平均花费要 400元,数量一般都在 20~50 桌,红白喜事的人情份子钱随着物价的攀升也水涨船高,少的是 100 元,多数情况下是 200 元。三是孩子教育。农村家庭普遍是两个或两个以上孩子,从幼儿园培养出来一个大学生是很多家庭的愿望,因此教育支出也是不小的支出,如供养一个大学生每年学费和生活费至少要 1.5 万元。四是看病支出。近年来农民患大病的比例增大,主要原因在于环境污染、食品安全等,加之平时不体检,小病拖成大病,且患大病农民的年龄结构趋于中青年。家里如果有个长期的病人,对农民家庭来说绝对是一个很大的负担,这几年随着国家在医疗保障方面的投入,农民医疗报销的比例越来越高,负担减轻了不少。五是人情往来。农村很重视节日人情往来,花费大概占全年收入的10%。以新野袁庄村周家为例,生活开销约占30%、教育约占20%、看病约占10%、存储约占30%、其他约占10%。随着经济持续发展和惠农政策力度不断加大,农村消费升级步伐加快,除住房之外,在汽车、信息消费等领域需求强劲:一是汽车消费进入快速上升通道。随着近几年农村交通基础的改善和农民收入的提高,汽车消费在农村逐步流行起来,以面包车、国产轿车或 SUV(运动型多用途车)为主,价格大多集中在 8 万元以内。二是信息消费加速发展。随着信息技术和互联网的发展,各种移动智能终端加速进入农村市场,并带来智能手机、互联网接入流量、电子商务等信息消费快速增长;在外出务工人员的影响带动下,80%以上的家庭接受互联网购物,家电、手机、服装成为农村网购的主阵地。春节期间是乡村和县域消费最明显的时间段,乡镇各大小超市、专卖店、农村集贸市场都是人头攒动,生意红火。例如,民权县龙塘镇北村的一个超市,前来购买年货、礼品的乡民络绎不绝,根本没有片刻得闲;前来买货的都是开着小汽车、三轮车来拉货,大箱小箱地往上搬,动辄几百块、上千块,这与七八年前还提着一兜馒头去串亲戚的时候真是天壤之别。

面对农村渴望过上城市生活的理想，要积极引导把消费升级与县域城镇化结合起来，推动农民消费能力、生活水平提升：一是多渠道增加农民收入，提高农村消费能力。农民收入是扩大农村消费的重要前提。要深化农村土地制度改革，增加农民财产性收入。大力发展农村"双创"，对农民工返乡创办的小微企业，减征企业所得税，免征增值税、营业税和各种行政性收费；挖掘农业内部增收潜力，支持农民应用先进农业技术和"互联网+现代农业"发展模式，发展优质高效农业，提高农产品供给质量和农业综合效益；加大财政支持力度，提高农民财政转移性收入。二是加强农村公共设施建设，改善农村消费硬环境。完善农村水电路通信等基础设施网络，提高农村道路等级标准、供电稳定性、供水便利性和家庭互联网普及率，完善农村物流配送网络；推广应用政府和社会资本合作（public-private partnership，PPP）模式，吸引社会资本，加快推进农村中小学改造、乡村医疗卫生、文化体育、农村养老服务等农村公共服务设施建设。三是完善相关制度和政策，优化农村消费软环境。按照城乡基本公共服务均等化要求，加大公共财政对农村的支持力度，进一步完善新型农村合作医疗制度，建立城乡统一的居民养老保险制度，逐步提高农村医保报销、养老保障和低保水平，让农民敢消费。加强农村市场商品质量监督和售后服务，坚决打击假冒伪劣商品等不法行为，维护农村消费市场秩序和农村消费者的合法权益，营造让农民放心的消费环境。四是积极培育农村消费热点，满足农村不同收入阶层的消费需求。引导农村居民科学进行住房消费，积极培育农村居民文化教育消费，大力推进农村居民的信息消费。继续实施并完善"家电下乡"政策，提高产品覆盖面，以"补贴、减税、发放消费券"的方式来推进农村的摩托车、汽车、旅游等新的消费热点。对企业来说，在产品研发的时候，要针对农村居民消费注重商品的实用性和广泛适用性的特征向农村来提供适宜的产品，并且要做好相关的配套服务，激发农村居民购买欲望。

二、县域城镇化是适应返乡创业趋势、以产业发展为基本的城镇化

农村人外出务工有个相对集中的特点，往往一个人出去几年，干得好的话会带领村里的几个人或一群人从事某个行业，一个村的产业基本上集中在几个行业，如濮阳徐庄村集中在修路筑桥和运输两个行业，民权县龙塘镇北村集中在不锈钢装潢行业。新时期人口流动呈现新的特点：一是返乡打工人员呈增多趋势。经过多年的积累，他们中的很多人已经成为身怀一技之长的"能人"，开阔了视野、掌握了技能，有的成为老板或企业家，他们中的很多人返乡意愿强烈、发展动力足、

根植性好,如位于召陵区的红黄蓝电子科技有限公司就是深圳回来的漯河人投资的,该公司主营产品为 LED(发光二极管)模组、LED 电源、灯条、护栏灯等,采取在农村设代工点的方式解决用工问题,即批量生产环节在工厂进行,产品组装、包装环节在代工点进行,共设代工点 15 个,安排农民工就业 1000 人,其中 20%为外出打工返乡。例如,濮阳徐庄村,村里的一位"能人"在政府的支持下,从浙江招来一个化工项目,解决了一批人的就业问题。特别是这几年,地方大力招商引资发展经济,一大批项目竣工投产,带动了农村劳动力的非农化转移,一些留守的女性或年龄稍大的男性在就近的工厂、商场里找到了工作,虽然工资比外出务工少些,但方便照顾家里,他们还是选择了留着家里。红黄蓝电子科技有限公司的总经理认为,沿海发达地区企业的优势在于研发能力较强、配套体系完善,但随着产品批量生产、价格大幅下降、利润率降低,必然要求通过机器换人等途径减少用工或将生产环节迁往内地,河南在外打工人员回流是大势所趋。二是赴沿海打工的动力减弱。课题组通过走访 2016 年 2 月从福建回乡就业的农民工常××了解到,目前沿海地区普工月工资平均在 4000~5000 元,河南省内为 3000~4000 元,相差 1000 元左右,但扣除生活成本,实际落到手里相差无几;过去在沿海省份打工的好处是活好找、加班费挣得多,但这一情况已发生变化,经济下行背景下许多企业日子不好过,能够提供高工资的就业岗位越来越少,同时最新修订的《中华人民共和国劳动合同法》出台促使企业安排加班趋于谨慎,因此常××周围不少同乡也都选择返乡就业。三是大城市房价高企、不方便照顾家庭等成为返乡就业的重要因素。课题组通过走访在外打工人员了解到,近几年房价、房租持续上涨的背景下,一些沿海大城市企业为控制成本,将原来提供集体住宿改为现金方式补贴,看似涨了工资,但除去个人负担的高额房租,实际工资不增反减。与之相反,在家门口就业则可实现白天打工挣钱、晚上在家住,将房租节省下来,同时也可方便照顾家里老人孩子。位于老窝镇的漯河市美馨食品有限公司由当地人投资兴办,招聘的 140 名员工全部来自周边农村,其中超过 30 人是 2016 年从沿海省份回来的打工返乡人员。

要加快推进返乡创业,以产业为基推动就业转型。一是积极承接劳动密集型产业转移,鼓励和引导企业"下乡务农"。沿海很多劳动密集型企业经营不景气,有些则开始考虑向综合成本较低的内地转移。中西部地区应抓住这一契机,制定优惠的产业政策,加快改善发展条件和环境,积极承接食品、轻纺、家居等企业转移。还应借鉴广东"腾笼换鸟"的发展战略,对受产能过剩、需求不足影响长期陷入困境的企业,积极引导它们转产投资农业产业,利用好土地优势和国家一系列支农惠农政策,通过创建农业产业化龙头企业、引导农民用承包的耕地入股等方式,在发展当地经济的同时,为农民提供就业岗位,实现农民包括返乡农民工的就地就近就业。二是改善农民工返乡创业环境。贯彻落实《国务院办公厅关于支持返乡下乡人员创业创新促进农村一二三产业融合发展的意见》（国办发〔2016〕84号），各级政府及有关部门应重点改善创业环境，落实鼓励政策，推进相关服务体制的建立，开辟农民工回乡创业"绿色通道"，降低创业门槛，简化审批程序，加强信息服务，为有条件的农民工返乡创业提供金融、土地等方面的支持。三是建立完善创业培训机制。根据国内国际的社会经济发展态势，编制农村富余劳动力培训和就业规划，让包括返乡农民工在内的所有农民都能享受到均等的培训和就业机会。开展"创业培训工程"，针对那些有资本、有技术、有创业愿望的返乡农民工开展经营理念、企业管理、技术创新、市场开拓和制度建设等方面的培训；鼓励人才、技术下乡，积极帮助创业者同有关专家和技术人员建立经常性联系，加强产业发展引导。四是鼓励和引导返乡农民工将带回的资金转化为资本。大多数返乡农民工，虽然积累了一些资金，但缺乏投资意识。在当前就业紧张的情况下，可能会出现坐吃山空的局面。政府应加大宣传力度，正确引导这些资金流向，鼓励他们参与有一技之长的农民创业入股，或者组织专业合作社，因地制宜地发展当地优势特色产业等。

三、县域城镇化是适应进城买房趋势、以住房和教育为拉动的城镇化

从调研情况看，当前农民进城买房主要有三大动力：其一，结婚的需要，农村的年轻人把县城作为安家的首选，"城里有房"成为女方择偶的必要条件；其二，对城里生活环境的向往，目前绝大多数农村缺乏必要的垃圾、污水处理设施，教育、文化、娱乐条件匮乏，尤其对长期在城市打工的农民工来讲，处于生活环境、子女教育的考虑，不愿意再回到农村生活；其三，投资理财的考虑，随着近年来房地产价格不断攀升，出于家庭财产保值增值的考虑，多数选择将多年来积攒的存款购买房产。以召陵区老窝镇为例，大约20%的家庭在城里买房，部分村达到40%以上。购房人当中，80%以上选择在离家更近的县城买房，县城住房价格为3000元/米^{2}左右，相对于市级来说，县级房子价格便宜一半，且离老家近，农忙时节回家务农方便。而在工业化水平更高、距离濮阳市很近的濮阳市徐庄村地理位置上在市和县城的中间，离市和县城的距离差不多，考虑到市里交通更方便、绿化更好、工作机会要多一些、教育和医疗都要比县城好很多，尽管市里的房子要比县城的贵一些，大部分人还是选择了在市里买房子（县城的房价在3000元左右，市里的房价在4000~5000元）。

要以住房和教育为牵引，大力引导人口向就近城镇迁移，推动空间转型。一

是通过教育、婚姻和务工从业等方式实现乡村人口在县区和市域安家落户。考虑到距离因素,在县城以外城市购房和落户的都已基本实现了市民化进程,当前很多人在县城购房的,还往往是偶尔居住或周末居住,因为生产劳动或平时生活还在老家,政府部门应积极引导有条件的村民到县城产业集聚区和县城新区建设中寻求就业机会,并逐步实现乐业安居。二是结合县域房地产去库存,引导房地产开发企业建设面向农民工的住房,政府引导用工企业联合出台农民工城市住房优惠政策,鼓励农民工进城买房。

四、县域城镇化是适应土地流转趋势、以农村土地规模化为基础的城镇化

当前农村土地承包经营权确权颁证已经结束,土地确权证书显示的承包日期为1998～2028年。但因为地少且分散,规模效应不强,缺少承包大户,很多村土地并未大规模流转。课题组调研中发现三个问题:一是从规模化利用水平看,农村土地流转仍呈现零散化状态,土地流转率依然偏低,规模化发展还有较大空间。例如,漯河老窝镇农业土地流转面积占家庭土地承包经营面积约10%,且主要集中在经济较活跃的几个村,不少村无土地流转。二是从土地流转交易主体看,流转对象主要集中在村集体内部成员之间,没能在更广范围内调动社会资源,更有效地开发利用土地。以土地流转程度较高的老窝村(流转面积占全村土地承包经营面积的80%左右)为例,主要被2个种植大户和村支书个人分别承包,没有非农工商企业参与承包。三是从土地流转机制看,土地流转大多是农户自发形成的,双方达成口头协议或简单书面协议,缺乏对土地出租、承租双方有效约束和监督,由此出现随意拖欠农户土地流转租金、提前收回已出租的土地等问题。例如,民权县龙塘北村现有的流转多数都在自己家的亲戚间实现,以每亩每年耕地500元左右或250千克小麦作为流转报酬,自行流转的较多。整体上看,随着一部分土地得以流转,解放出来的人员开始从事其他行业或非农产业,流转到土地的就成为村里著名的种植大户,流转整体规模多在几十亩,但上百十亩的还比较少,基本没有外部的专业化公司入村承包土地。但现实问题也很明显,流转的土地还都是单块耕地,大型机械操作、农田灌溉等仍面临原有的困惑与烦琐。课题组通过与种植大户沟通,了解到影响土地规模化经营的三个深层次原因:一是效益低,挫伤土地承包的积极性。很多家庭考虑到种粮食的经济效益太差,基本赚不了钱,一亩地一年的毛利也就在1200元左右,还不够在城市里打工1个月挣的工资,都把地无偿地交给关系较好的亲属或邻居耕种,从事耕种的人也多数是50岁左右不能外出务工的人,本着不

舍得地荒、挣点是点的想法，继续从事农业生产。还有工业化程度高、土地规模经营好的个别地方，农业成为投资热点，种植大户竞相租种土地推高了土地租金，如漯河老窝村每亩租金在 1000 元左右、占到种粮成本的 60% 以上，致使土地流转规模难以扩大。二是农村土地流转市场化水平低。土地流转制度和管理制度不完善，政府抵押登记部门严重缺位，导致处置抵押物时缺乏成熟的市场支持。地方政府对扩大土地规模化经营缺乏引导，从事农村土地流转的中介服务的组织明显不足，造成市场信息不畅、操作不规范、流转成本虚高、流转效率低下；农业收益低和市场风险高的特点，使银行机构在开展业务涉入时存在诸多顾虑，承包经营主体多为自有资金、扩大经营规模存在资金瓶颈。三是农户对土地依赖程度依然较大。多数农村劳动力外出打工并没有固定时间和固定岗位，没有形成稳定的收益预期，土地已成为外出务工者的最后"依靠"，向外转出土地时异常谨慎。同时承包主体对流转土地过度开发和利用，也导致部分村民不愿进行土地流转交易。

土地规模化经营是解决"三农"问题的关键，起到牵一发而动全身的作用，要把农业规模化作为重点，以工业化的理念经营农业、推动规模经营。一是继续完善土地流转法制法规。要加快完善土地流转办法、程序等法规制度建设，加快推进农户承包地的"三权分置"，明确所有权，稳定承包权，放活经营权；要扎实推进土地确权登记颁证工作，妥善解决农户承包地面积不准、四至不清等问题，使承包地折股量化、按股分配有据可依；要鼓励规模经营业主与农户建立稳定合理的利益联结机制，探索实物计租货币结算、租金动态调整、土地入股保底分红等利益分配办法，保护流转双方合法权益。二是全面培育农村土地流转市场。借鉴国内外土地流转市场建设经验，规范化管理各种流转方式，进一步明晰交易双方的权利和义务。搭建土地流转平台，在土地交易活跃的地区设立交易中心，统一办理各项土地流转业务。例如，建立县乡两级农村土地流转服务中心和村级土地流转服务站，探索建立健全土地流转立法、执法和仲裁工作，完善交易规则、程序和手续；开发完善农村土地流转信息资源系统，收集发布土地流转供求信息，促成农户间、农户与产业化公司间的土地流转和信息沟通。三是加快建设土地流转中介服务体系。大力发展土地流转咨询、土地保险、土地托管、资产估价等各类中介服务组织，完善土地流转中介服务体系，促进土地流转公开、公正、高效地进行，使土地流转行为更好地满足市场经济要求。例如，建立农地技术经济评估组织、土地流转法律服务团队及土地流转管理咨询平台，保证土地流转价格和土地用途的经济合理性，保障土地流转经营前后的咨询服务，提供必要的纠纷解决和法律咨询援助。四是加快土地经营权抵押贷款进度。明确农村土地承包经营权抵押的条件和范围，适时建立土地承包经营权的抵押价值认定和抵押登记制度，健全流转土地价值认定和处置依据。建立以土地承包经营权抵押贷款为主的土地流转投融资体系，加快土地经营权抵押贷款发放步伐。根据规模农业发展特点以及农村土地流转实际，适度延长贷款期限，扩大贷款额度，满足农村土地流转的有效资金需求。五是加快培育新型农业经营主体。要引导和鼓励农民以土地经营权入股，建立土地股份合作社，实行土地股份合作经营或委托经营；引导和鼓励龙头企业采取"公司+农户""公司+合作社+农户"等模式，发展农业适度规模经营，实现土地、资金、技术、劳动力等生产要素的有效配置，推进农业产业链整合和价值链提升，让农民共享产业融合发展的增值收益；引导和鼓励专业大户、农技人员等成立家庭农场，或牵头组建农民合作社，开展生产合作、信用合作和供销合作。进一步完善农业社会化服务体系，支持兴办土地托管、农机作业、统防统治、农资购销、农产品电商平台等农业社会化服务组织，引导它们围绕优势产业和特色产品，为农民提供统一的服务。要建立培训体系培养新型职业农民，提升年轻人从事农业生产的意愿和能力。

五、县域城镇化是适应农村居住人口减少的趋势、积极稳妥推进农村宅基地流转的城镇化

当前虽然农村的宅基地已经确权登记，但课题组调研的几个村宅基地确权证书尚未颁发。这几年，很多人都去城市买了房子，老家的房子还在，很多时候即便闲置，也没有流转。一方面，多数人对宅基地有着特殊的感情，认为是祖上留下来的，农村就是一个最后的退路；另一方面，宅基地流转市场尚未形成，很多人预期宅基地可能会升值，谁也不会为了缺钱而卖了，暂时并不打算流转出售。以新野县城郊乡袁庄村为例，宅基地流转比较少见，一是农村宅基地用途除盖房之外，无其他升值用途；二是缺乏统一标准的流转价格，多以农民自行协商为主；三是农民缺乏契约精神和流转规则的制约。

要加强引导，积极稳妥地推进农村宅基地流转，未来几年，还会有更多的人进城买房，离开农村，会有更多的房屋或宅基地闲置，农村居住人口越来越少，建设新农村，迁村并居将成为趋势，但不能操之过急，既要适度超前，也要考虑到农村市民化的进程。一是做好退出的宅基地再开发利用。对城市、乡镇规划区范围内、扶贫整体搬迁退出的宅基地用地实行统一规划、统一征收、统一储备、统一开发、统一供应。对城市、乡镇规划区范围外退出的宅基地原则上应复垦为耕地，经批准也可以调剂给本集体经济组织内符合宅基地申请条件的农村居民。二是完善宅基地流转相关配套政策。保证退出宅基地农民切实享受城镇居民待遇，保障退出宅基地农民就业，保障退出宅基地农民生活水平。

六、县域城镇化是适应农村经济社会变迁趋势、重构乡土中国的城镇化

当前在农村，很多老百姓仍然把"钱"作为最重要的衡量标准，"钱"成为衡量邻里关系、亲戚关系的重要纽带，手机取代了聊天，打麻将成了交流，原有的听戏、斗鸡等风俗消失了，婚丧嫁娶变成了各种排场讲究的"检阅仪式"，谁家的楼房高，谁家儿子定亲花了多少钱成了人们之间重要的谈资，甚至婆媳不睦、兄弟嫌隙成了多发事件，河边公地很多都成了垃圾场臭水沟，许多人都在说不仅城里过年没意思，农村也越来越没年味了，"庄邻院舍""亲戚六人"的关系被现实割裂。这些变迁原因是多方面的：一是社会形态变化。这是乡村文化变迁的基础因素。随着改革开放深入，乡村农耕社会逐渐被农工商社会所取代，农业型社会逐渐向城镇型社会转变，农民不再单纯从事农业生产，非农收入已经多于农业收入，农民思维独立性、开放性、多样性明显增强，这些都推动了乡村文化的变迁。二是生活方式变化。这是乡村文化变迁的直接因素。产业的转型升级带来生产方式的转变，农民致富带来了生活方式的变化，农民生活从生存需要向发展需要和享受需要转变，消费观念更加开放，直接促进了乡村文化的变迁。三是利益格局变化。计划经济时代，广大乡村奉行和践行的是集体合作价值观，利益分配上崇尚"交足国家的、留足集体的、剩下是自己的"。随着市场经济体制的建立，集体经济瓦解，多种经营发展，利益格局随之变化。四是阶层结构变化。乡村原有的社会阶层结构单一，基本以农民为主。随着市场经济的发展，乡村社会阶层出现分化，农民、工人、商人、自由职业等社会阶层分离，不同的阶层孕育出了不同的阶层文化。五是科技网络发展。随着互联网、计算机、手机等新型传播媒介在乡村的广泛应用，一方面，信息技术渗透到社会生产、生活的方方面面，有效促进了乡村文化产业的繁荣；另一方面，也使各种外来思想文化快捷传播到乡村，农民传统的思维方式和价值观念不断受到冲击和改变。

乡村文化变迁巨大，乡土重构任重道远，要把提升人作为城镇化的核心关节。如果不能有效提升村民的文化素质，即使暂时脱贫、勉强小康，也容易返贫或迷失方向。积极引导广大村民正确的发展理念，传承优秀传统文化，切实形成公序良俗，建设美好家园、重构乡土社会。一是以乡镇社区规划建设为契机，推进地方戏台、文化广场、休闲广场、运动场地等公共空间的合理布局和建设，漯河市老窝镇老窝村广场舞的自发形成到规模逐步扩大，十里八乡的村民都过来凑热闹就是一个最好的证明，以广场舞、秧歌、百姓运动会儿童乐园等喜闻乐见的形式，乡村公共空间的合理利用是推进乡风民情良性建设的有效平台。二是以家谱宗祠、豫剧社、秧歌队等这些扎根于乡土风情和文化的载体

增加文化内涵与人文情怀，强化乡村文化阵地建设，使乡村精神文化面貌焕然一新，形成社会主义文明新风尚。

第四节 解决"谁来种地"问题，培育新型职业农民

粮食是人类赖以生存和发展的重要基础，关系国计民生，关乎社会的稳定、发展和国家的安全。近年来，我国工业化与城镇化深入推进，农村劳动力加速转移，农村经济社会结构急剧变革，虽然农业现代化进程也取得了巨大成效，但也呈现出"农业兼业化、农民老龄化、农村空心化"的趋势，维护粮食安全的问题日益凸显，"谁来种地""怎么种地"问题日益突出。这一现象暴露了小规模的分散经营与迅速发展的工业化、城镇化和农村劳动力加快转移的冲突更加激烈，又显露出变革传统农业经营方式、构建新型农业经营体系日趋紧迫。主要表现在以下几个方面：一是大量农村青壮年劳动力外出务工经商，第一代农民工还呈现出季节性流动的特征，新一代农民工则多已离开了土地，农业发展面临"谁来种地"的问题。第二次全国农业普查数据显示：我国农业从业人员以中老年为主，41～50 岁的人员比例占 23.1%，51 岁以上人员比例占 32.5%；农业从业人员文化程度普遍偏低，中、小学文化程度从业人员占到 86% 以上；农业从业人员以女性为主，占到了 53.2%。二是小生产与大市场之间不能有效对接，农产品价格波动剧烈，"菜贵伤民""谷贱伤农"的现象愈发频繁，"种什么"的问题急需回答。三是农民纯收入中来自农业的比例不断下降，种地效益低下，农用生产资料价格上涨过快，加大了种地成本，农民无利可图，而且农田水利基本建设滞后，也致使农业生产条件差、抗风险能力弱，造成耕地撂荒现象越来越严重。为了摸清河南种植大户农业经营体系的现状，课题组通过问卷调查、访谈和实地察看等多种方式，利用2016 年全年时间里对河南 11 个县市的 50 位种植大户进行了调研，将调研数据整理分析后，得到的调研结果如下。

一、基本信息

（一）年龄阶段

本次调查的 11 个县市主要包括：濮阳、滑县、睢县、鄢陵、永城、商水、固始、杞县、原阳、温县和中牟等地区。

在被调查的这些种植大户中，以年龄集中在 31～50 岁的人数为最多，占到总体调研人数的 54%，而且从图 6-2 中可以看出，这个年龄范围内的种植大户中，

89%的受调研对象的学历都在初中以上。另外，担任村干部的种植大户中有 60%的人也都集中在 31～50 岁这一年龄范围内。其次是 51～60 岁的种植大户人数占到总体调研人数的 22%。相比之下，20～30 岁及 61～70 岁的受调查者所占比例相对较小，分别为 14%和 10%。在调查中发现，虽然现在种植大户中 80%以上的人都是有种植经验、有资本累积、有家乡情怀的低学历的中老年人，但也有越来越多的高学历的年轻人开始投身农业，承包土地，大规模种植经济作物。

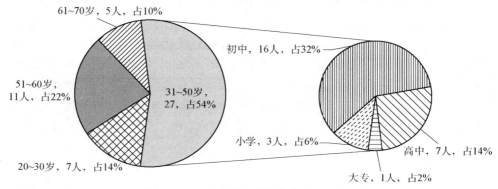

图 6-2　2016 年河南种植大户基本信息

（二）接受培训情况

在全部调查对象中，只有 32%的种植大户表示接受过农业技术培训，即使在这样的情况下，也只有极少数种植规模较大的种植大户选择聘请专业的农技人员。在调查种植大户需要政府提供什么样的支持时，有 60%的调查对象选择技术培训服务，这也意味着大规模经营迫切地需要正规的农技知识培训和科学的经营管理理念。

二、影响土地承包规模扩大的因素

在种植规模的调查中，有超过 90%的种植大户种植面积都在 500 亩以下，其中 100 亩以下和 100～500 亩的比例分别是 40%和 54%。而大面积种植（承包土地 500 亩以上）的种植大户所占比例仅为 6%。根据调研结果的分析，发现影响河南种植规模扩大的因素如图 6-3 所示。

从图 6-3 中可以看出：

（1）影响河南土地承包规模扩大的最主要因素是农资价格的上涨，生产成本持续增加，因此，土地承包人不愿意扩大种植面积。调查大户种植种类的结果显示，调查对象中有 70%种植作物为粮食作物，而种植粮食作物投入最大的是化肥；

46%的种植大户选择经济作物作为主要种植对象，而经济作物投入最大的分别是农药、种苗及人工，此外对经济作物来说，尤其是生育期较短的蔬菜类，种植、管理、收获所需的人工投入也是越来越大。

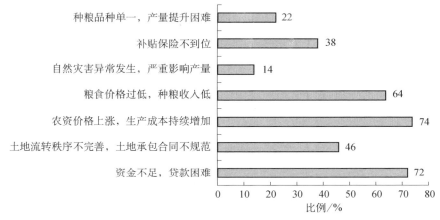

图 6-3　影响河南土地承包规模扩大的主要因素

（2）资金不足，贷款困难是影响河南土地承包规模的另一个重要原因，72%以上的受调查者都表示受该因素影响。

（3）64%的种植大户表示因为粮食价格过低，种粮收入低，不愿意继续扩大种植规模。

（4）46%的种植大户表示因为土地流转秩序不完善，土地承包合同不规范，谈判困难而没有精力去扩大土地面积。

（5）近40%的种植大户表示补贴保险不到位，风险太大而不愿意扩大种植面积。农业项目补贴作为鼓励农户规模种植的重要措施之一，在对河南种植大户的调查中，有80%的种植大户表示没有收到相应的农业项目补贴，只有20%的种植大户拿到了农业补贴。一个种植面积近1000亩的蔬菜种植大户表示，建设蔬菜大棚时，通过申请项目，才有可能拿到农业补贴。反之，如果没有大的固定生产资料投入，想要拿到补贴项目很难。这也表达了种植大户对于农业项目补贴的渴望和需求。

（6）还有22%的种植大户表示种粮品种单一，产量提升困难而不愿意扩大面积，这部分种植大户多是邻居亲戚外出工作或打工，将地低价承包过来种植常规农作物，其没有很好的种植规划和管理能力。对这一部分种植大户来说，承包土地大多比较分散，平均每块土地面积在10亩以下。而土地比较集中（每块土地在100亩以上）的种植大户只占总调查数的1/3。这也说明了政府对土地流转的引导力度有所欠缺，以至于很多种植大户无法承包整块连片的土地进行种植管理，这也成为限制他们扩大种植面积的一个重要因素。

（7）对自然灾害的异常发生，严重影响产量这一因素，仅有14%的受调查者认可，这也与河南的气候条件、地质条件、地形特征等实际相关，一般情况下河南发生重大自然灾害的可能性比较小。

三、大户经营意愿

大户种粮成了一种趋势，在调查为什么选择大面积种粮时，发现不同类型的种植大户有不同的原因，具体调研结果如图6-4所示。

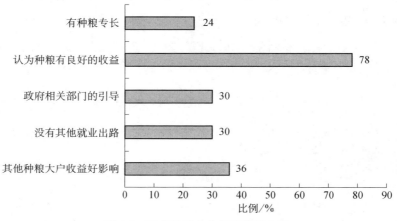

图6-4 河南种植大户经营意愿分析

调查结果显示，78%的种植大户认为种粮有很好的收益，且36%的种植大户是在受其他种植大户收益好的影响下选择大规模种植的。在政府相关部门的引导和没有其他就业出路的情况下开始大面积经营土地的种植大户均占30%。24%的种植大户则认为自己有种粮专长，因此在土地"撂荒"等大趋势的推动下选择承包土地种粮。调查对象中，有一位陈先生介绍，自己以前在南方做生意，有一定的积蓄，年纪逐渐升高，儿女长大成人了，加上政府引导，形势驱动，便想着回到家乡承包土地，通过自己多年的经商头脑分析，道路修建越来越多，城乡一体化加剧，房地产行业的兴旺等，他选择了绿化苗木的种植。而且他表示儿女上大学也是在他的开导下选择了苗木相关的方向，他还很自豪地说孩子现在也爱上了这一行业，愿意继续从事农业。当然，这毕竟是个例，调查中80%以上的种植大户表示孩子不愿意从事农业，农村孩子跃出农门，很少愿意再回家继续从事农业。

四、土地承包合同

对土地承包合同的签订方式进行调查的结果表明(图6-5),调查对象中有38%的种植大户是一年一议,即承包户的土地每年都可能发生变化,存在很大不稳定性。而44%的种植大户与农户签订6年以上协议。只有18%的土地承包者与农户签订2~5年的协议。结合调查地区进行分析,这种"短期多,长期多,中期少"的现象不仅是地区间的差异造成的,也与各乡村政府的土地流转引导力度大小有关联。对政府引导和规范农田使用权流转方面所起作用不满意的种植大户都集中在签订短期协议的种植大户中,其中只有14%的种植大户明确表示对政府的引导非常满意。

另外,土地承包户与农户之间的土地承包谈判方式也可以说明政府引导力度不足(图6-6),64%的种植大户是自己一家一户去谈判的,只有20%表示依靠村里组织集体流转,6%表示依靠政府搭建平台沟通信息进行了解谈判。还有10%是通过其他方式(土地流转自家亲戚或邻居)进行集中种植管理。

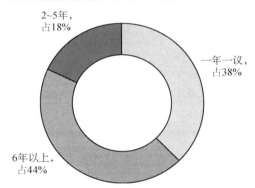

图 6-5 河南土地承包合同签订年限

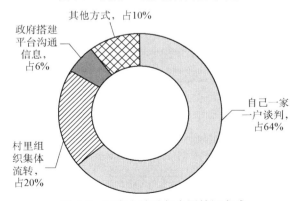

图 6-6 河南土地承包合同签订方式

五、土地租金情况

而对地租的高低，地域性非常显著。在信阳固始调查的 8 位种植大户每亩地租金都在 500 元以下。而安阳滑县、焦作温县及永城市的租金都在 1000 元以上，占总调查数的 20%左右。其余县市的租金都在 400～1000 元浮动，占总数的 50%，还有 3 成左右都在 400 元以下。而同一县市、不同乡镇之间的租金变化不大，上下浮动 200 元。

六、种植大户的担心

针对粮食生产过程中，种植大户最担心的问题也进行了调研分析，这些问题主要包括：粮食价格下跌、旱涝灾害及病虫害、农技服务跟不上、雇工难和粮食市场信息不畅通，具体调研结果详见图 6-7。

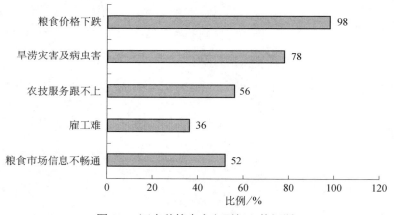

图 6-7　河南种植大户主要担心的问题

几乎所有种植大户（98%）都有粮食价格下跌的担心，粮价直接关系当季种植作物的收益高低。有 78%的种植大户表示担心突发自然灾害及难以控制的病虫害发生。这个最有代表性的就是课题组在对商水县一个蔬菜种植大户老潘进行调查咨询时，他讲述的调查前两天发生在他娃娃菜田间的虫害突发情况。一夜之间暴发的菜青虫，几乎每一株菜苗上都有 2～5 个虫子，让他焦头烂额，常用的杀虫剂根本治不住，眼看着二三百亩的菜苗叶子都快被啃完了，通过网上查询、农资店咨询，购买了一种外企生产的新型杀虫剂（氯虫苯甲酰胺），才将虫子控制住。好在菜苗还小，老叶注定也是要脱落，发出的新叶足够包心。这才不会对最终的产量造成影响。这一突然状况也让老潘更加迫切地感觉到农业技术的重要性，与老潘相同考虑的有 56%的种植大户，其担心农技服务跟不上。还有半数以上的种植大户表示担心粮食市场信息不畅通，不能够跟市场紧密联系起来，将会导致粮食销路出现问题。"产量再高，卖不出去，也是白搭一年工夫"这也是调查过程中最常听到的一句话。雇工难问题也是很多种植大户担心的问题之一，但不是重要问题，这是因为河南不仅是一个农业大省，还是一个人口大省。

七、销售渠道

对大户种植的粮食和蔬菜瓜果的销售问题，课题组也进行了调研分析，结果显示：62%是商贩上门收购，32%是出售给粮食经营公司，28%是种植大户自己直接到市场上销售，14%是提前拿到企业订单，只有极少部分是国家收购（图6-8）。濮阳县种植上海青的老王说，"自己的蔬菜销路有两部分，一是商贩进园收购，二是自己去市场上销售"。老王表示自己辛辛苦苦地凌晨就出发去蔬菜批发市场销售自家蔬菜不仅仅是为了卖钱，更多的是为了了解市场上的蔬菜需求信息，更好地指导自己下一茬蔬菜种类的选择。这也说明了种植大户对粮食市场需求信息的匮乏，没有更准确专业的渠道获取需求信息，那么就没办法做出最契合市场的种植作物的选择，这又给销售带来了难题。因此对生产过程中最需要政府提供哪些支持时，种植大户优先选择了销售服务（74%），其次才是技术（60%）和信贷服务（50%）。

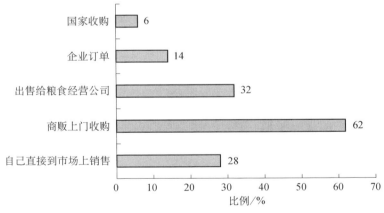

图6-8　河南种植大户粮食销售渠道

八、种植大户的需求分析

课题组调查了农户希望得到的帮助，结果显示，一方面农户表达了对从土地流转规范服务、种植模式技术服务、农资技术服务到产后销售服务全方位社会化服务的渴望，尤其是产后销售服务；另一方面也表达出对政府的惠农政策中补贴落实到位的需求。在实际调查中有农户这样说："刚包地的时候，乡政府说出好多的政策，可哪个兑现了，小麦连着这三年纹枯病特别厉害，发病后粮食干瘪，多少价位收粮食都不要，现在库存还有几十万斤①呢，今年地都退了，一点也不包了，赔钱厉害。"也有人说："说实话原先打算包地，乡政府说这有补助、那有补助，包这三年地，把家里几年的积蓄都打进去了，本来以为包地会赚钱，可赔了一屁股债。包地三年了，也赔本三年了，乡政府去年还发一些免费的种子，就发那一年，今年啥都没有了，粮食价位也下降了，我种了几年地赔了几十万元，现在把地都退了。我们希望惠农政策能给予落实，对农户的补贴给予兑现，而不是空话。"

九、培育新型职业农民、促进农业规模经营的对策建议

（一）培育新型职业农民，大幅度提高种粮农民素质

河南发展现代农业，创新农业经营体系，补齐农业现代化"短板"，关键是人。除了要从土地资源、水资源、市场、技术、流通、农业投入等方面来考虑外，有无高素质的农业劳动者是影响农业特别是粮食生产的主要因素和关键环节，必须加快培养新型职业农民，让农民成为一种职业，以工业化、规模化、标准化、绿色化的理念经营好农业。要尽快创造有利条件，培养年轻有为、懂技术、会管理的职业农民。一方面，可以按照专业化、标准化、规模化、集约化生产要求，率先在适度规模化生产经营领域，研究制定农业职业资格准入制度，逐步健全农业职业资格证书制度；另一方面，应开展针对农民专业合作组织、家庭农场、农产品加工户、致力于农业生产服务的农业专业人才，以及农民植保员、经纪人、农机大户、防疫员、信息员等各类生产经营和技能服务型人才的培训，构建多元化、多层次、全过程的职业农民教育培训体系。

（二）大力发展家庭农场等新型农业经营主体，推进适度规模经营

从河南的实际情况来看，应加快建立政府引导的土地规模经营流转机制，而不是单单由种植大户去挨家挨户谈，扶持联户经营、专业大户、家庭农场等新型经营主体，促进成片连片规模化开发、统一开发，发展适度土地规模经营。尽快建立新型农业经营主体注册登记制度，明确认定标准、登记办法，扶持其逐步成为具有法人资格的市场主体。同时落实中央关于各类补贴向家庭农场、专业大户倾斜的要求，制定专门的财政、税收、金融、保险等优惠政策，降低新型农业经营主体的经营成本和风险。另外，应针对新型农业经营主体建立流转土地抵押信贷机制，明晰农用地产权、依法保障农民的土地财产权利，建立农民融资渠道。

---

① 1斤=0.5千克。

（三）健全农业社会化服务体系，为种地农民提供服务

构建新型农业社会化服务体系是推进农业现代化的必由之路。第一，大力发展农民的专业合作和股份合作，进一步制定鼓励农民专业合作社做大做强的优惠政策，鼓励农业合作组织加强联合、抱团发展，统一生产技术、统一购买生产资料、统一技术服务和统一销售农产品。第二，培育一批成长性好、带动力强的龙头企业，支持龙头企业跨区域经营，促进优势产业集群发展。第三，从市场准入、税费减免、资金支持、人才引进等方面加大扶持力度，推进农业社会化服务主体多元化、形式多样化、运作市场化，使农民享受到低成本、便利化、全方位的社会化服务。同时，应大力发展农村金融组织，引导国有股份制商业银行到乡村设点，加快发展村镇银行，开展农村金融服务，建立土地银行，开展土地金融业务，提供面向"三农"的贷款，逐步增加贷款规模。探索在农村设立小额贷款互助组织，解决农业生产资金周转困难。

（四）完善强农惠农富农政策，调动农民发展粮食生产的积极性

因地制宜搞好政策配套，充分发挥政府的引导作用、杠杆作用、激励作用，让政策成为农民发展粮食生产的"定心丸"。尽快制定农业补贴政策性条例，完善种子、化肥、农药等农业生产资料价格调控机制，把补贴标准与农资价格变化、粮食价格变化联动，将农业政策性补贴日常化，提高补贴标准，增加补贴规模和范围。围绕现代农业建设，以工业化为经济支撑、以信息化为科技助推、以城镇化为空间依托，加快农业现代化和社会主义新农村建设步伐，吸引农业专业人才到农村大显身手。

第七章 新时代河南推进四化同步 加快高质量发展研究

党的十九大是在全面建成小康社会决胜阶段、中国特色社会主义进入新时代的关键时期召开的一次十分重要的大会。习近平总书记作了《决胜全面建成小康社会，夺取新时代中国特色社会主义伟大胜利》的报告，主题是：不忘初心，牢记使命，高举中国特色社会主义伟大旗帜，决胜全面建成小康社会，夺取新时代中国特色社会主义伟大胜利，为实现中华民族伟大复兴的中国梦不懈奋斗。当前，中国特色社会主义进入新时代、我国社会主要矛盾已经转化为人民日益增长的美好生活需要和不平衡不充分的发展之间的矛盾。面对新时代，河南正处于新旧动能接续转换、结构转型升级的关键时期，迫切要求我们以习近平中国特色社会主义为指引，认真学习贯彻习近平总书记重要讲话特别是调研指导河南时的重要讲话精神，坚定不移地把进一步发挥优势打好"四张牌"作为谋划推动经济社会发展的根本遵循和全局任务，以发展优势产业为主导推动产业结构优化升级、以构建自主创新体系为主导推进创新驱动发展、以强化基础能力为主导培育发展新优势、以人为核心推进新型城镇化，适应把握引领经济发展新常态、主动践行五大发展理念，加快建设先进制造业强省、现代服务业强省、现代农业强省、网络经济强省，加快新型工业化、新型城镇化、新型农业现代化和信息化四化同步发展，确保和全国一道全面建成小康社会，让中原在实现中华民族伟大复兴的历史进程中更加出彩。

第一节 深入研判形势，用好战略机遇

从形势上分析，以新一代信息技术为主导科技革命和产业变革风起云涌，当前经济转型正面临三个前所未有的革命。

一、第三次工业革命

金融危机之后，继以蒸汽机为代表的第一次工业革命、电力为代表的第二次工业革命之后，正在经历以信息技术为代表的第三次工业革命。以"大智云移"（大数据、智能终端、云计算、移动互联网）为引领的新技术革命，不断催生新

产业、新技术、新业态、新模式，与经济社会各领域发展深度融合，正日益改变着我们的生产生活方式，也在改变着我们的思维方式，数字化已成为经济发展的主要动力。根据麦肯锡公司公布的技术预测，到 2025 年可能形成 5 万亿～10 万亿美元产值的移动互联网、云计算和物联网等信息产业。埃森哲公司预测，行业数字化带来的社会效益可以远远超过其创造的行业价值。到 2025 年，各个行业的数字化转型可望带来 100 万亿美元的社会及商业潜在价值。其中，仅汽车、消费品、电力、物流四大行业的数字化转型就将为社会和行业带来超过 20 万亿美元的潜在累积价值。我们要用好互联网工具和信息技术，发挥其消除壁垒、降低成本、提高效率等方面的功能，从供给侧推动产业转型升级。

二、第三次消费革命

这是一个日本学者提出的（三浦展，1958 年出生，1982 年毕业于日本一桥大学社会学部，在研究世代、家庭、消费及城市问题等的基础上，提出了新的社会改造方案），他根据日本发展历史，把第二次世界大战后的日本分为大城市消费、大众消费、个性化消费、共享式消费四个消费时代（表 7-1），其中 1912～1941

表 7-1　日本消费社会的四个阶段及消费特征

项目	第一消费时代 （1912～1941 年）	第二消费时代 （1945～1974 年）	第三消费时代 （1975～2004 年）	第四消费时代 （2005～2034 年）
社会背景	以东京、大阪等大城市为中心的中等阶级诞生	从战败、复兴、经济高度增长期开始到石油危机；大量生产、大量消费；全国一亿人口中产阶级化	从石油危机开始到低增长、泡沫经济、金融破产、小泉改革差距拉大	雷曼危机、两次大地震、经济长期不景气、不稳定等导致收入减少；人口减少导致消费市场缩小
人口	人口增加	人口增加	人口微增	人口减少
出生率/%	5	5→2	2→1.3～1.4	1.3～1.4
老年人比例/%	5	5～6	6～20	20～30
国民价值观	消费属于私有主义，整体来讲重视国家	消费属于私有主义，重视家庭、社会	私有主义、重视个人	趋于共享、重视社会
消费取向	西洋化 大城市倾向	大量消费 大的就是好的 大城市倾向 美式倾向	个性化 多样化 差别化 品牌倾向 大城市倾向 欧式倾向	无品牌倾向 朴素倾向 休闲倾向 日本倾向 本土倾向
消费主题	文化时尚	每家一辆私家车 私人住宅 3C 产品	从量变到质变 每家数辆私家车 每人一辆私家车 每人数辆私家车	联系 几人一辆 汽车共享 住宅共享
消费承担者	中等阶级家庭时尚男女	小家庭家庭主妇	单身者啃老单身	所有年龄层里单一化的个人

年为第一消费时代，属于大城市消费，消费主题为时尚男女的文化时尚；1945～1974 年为第二消费时代，属于大众消费，消费主题为每家一辆私家车、私人住宅、3C 产品①等；1975～2004 年为第三消费时代，属于个性化消费，消费主题从量变到质变，私家车从每家一辆到每人一辆；2005～2034 年为第四消费时代，属于共享消费，消费主题是几人一辆、汽车共享、住宅共享等朴素倾向。对比他的判断，目前我国正处于由第二消费时代向第三消费时代过渡时期，正由大众消费向个性化、多元化、差别化、品牌化消费转变。需要研究消费变化、挖掘消费需求，从需求侧拉动产业转型升级。

三、绿色安全革命

绿水青山就是金山银山，绿水青山就是老百姓的幸福靠山。经济"青山绿水"任重道远，生态"青山绿水"形势严峻。长期形成的高投入、高消耗、高污染、低效益的粗放型生产方式已经走到尽头，生态环境制约成为跨越发展的巨大瓶颈。环境治理是大势所趋、人心所向。我们要主动适应新要求，以环保安全约束倒逼产业转型，大力发展生态经济，加快这场关乎发展全局的绿色革命。

在新形势下，作为中部省份的河南，有 4 个方面的突出优势要把握好。

（一）市场优势

在国家扩大内需和国内消费升级的大背景下，以郑州为中心的 500 千米半径（高铁 1.5 小时交通圈）内居住着 4 亿人口，且农村人口达一半以上，正处于加速城镇化和消费升级的过程之中，这将是一个数万亿级的大市场。信息时代是市场为王、规模经济时代，把这个具有世界级水准的大市场用好了，就能够培育出一批比肩世界 500 强的大企业，可为河南经济提供持续的需求动力。

（二）人口优势

河南全省 2015 年年末常住人口 9480 万人。从年龄结构来看，2015 年河南常住人口中 0～14 岁少儿人口、15～64 岁劳动适龄人口和 65 岁及以上老年人口分别为 2012 万人、6555 万人和 913 万人。2015 年人口总抚养比（总体人口中非劳动年龄人口与劳动年龄人口之比）为 44.62%，比 2010 年上升 3.05 个百分点。按照国际通行标准，65 岁及以上人口占总人口的 7% 以上就进入老年型人口社会，河南从 2000 年就已经进入了老龄化社会，但仍然存在 10 年左右的人口红利期（人

---

① 3C 产品就是计算机（computer）、通信（communication）和消费类电子产品（consumer electronics）三者结合，亦称"信息家电"。

口负担系数小于或等于 50%称为人口机会窗口期，也称人口红利期）。这不仅是一个巨大的劳动力市场，而且为通过提升劳动者素质、提高劳动生产率，创造"新人口红利"提供了广阔的市场。把"人"的优势研究好、运用好，可为河南经济提供最基本的要素供给。

（三）区位优势

河南地处中国之中，是长江三角洲、珠江三角洲、京津冀三大板块的地理中心，是人流、物流、信息流、资金流的中心。在国家由出口导向向扩大内需转变的进程中，依托郑州航空港经济综合试验区打造的"空中丝绸之路"，依托郑欧班列、"米"字形高铁打造的"陆路丝绸之路"，依托全国骨干互联网直联点、跨境电商打造的"网上丝绸之路"，河南的枢纽和区位优势凸显。把区位优势研究好、运用好，把"流"与"物"紧密结合起来，把"枢纽"与"产业"衔接起来，可有效提升服务全国、服务"一带一路"的能力，在服务全国大局、融入全球价值链中实现中原崛起。

（四）文化优势

清代顾祖禹的《读史方兴纪要》中写道："河南，古所称四战之地也。当取天下之日，河南在所必争；及天下既定，而守在河南，则岌岌焉有危亡之势矣。"从一个方面刻画了河南的地域文化，既具有长期形成的吃苦耐劳、忍辱负重、坚韧不拔的性格，也具有因循守旧、开拓不够的缺陷，需要我们研究长期形成的地域文化和性格特点，扬长避短、趋利避害，筑牢打好文化之基。

第二节　把握内在逻辑，用好国家战略

习近平总书记提出的打好"四张牌"要求，是深入分析河南深刻的历史背景、经济方位和发展方向提出的，是让中原更加出彩的最有效路径和最现实选择。在新时代，推进"四化"同步加快高质量发展，最重要的是打好"四张牌"。

一、把握"四张牌"的内在逻辑

"四张牌"有其深刻的内在逻辑（图7-1）。一是创新是发展的第一动力。新时代，区域竞争已进入构建以创新为主的核心竞争力阶段，不抓创新、不全力创新，就必然在新一轮竞争中落于人后、甚至被淘汰出局。要以构建自主创新体系为主导推进创新驱动发展，大力推动包括理念创新、技术创新、组织创新、机制创新、开放创新等全方位创新，加快融入全国乃至全球创新链、产业链和价值链，提升区域核心竞争力。二是工业化和城镇化是发展的"车之两轮""鸟之两翼"。通过以优势产业为主导推进产业结构优化升级，壮大做优提升实体经济，解决作为中部省份的发展不平衡不充分问题，加快建设先进制造业强省、现代服务业强省、现代农业强省、网络经济强省，推动经济较高质量、较高速度发展，切实提升供给水平；通过以人为核心推进新型城镇化，统筹推进具有农业大省特点的农民工市民化、新农村建设、农业规模化，加快建设郑州国家中心城市，释放城镇化这个最大的内需潜力。三是基础能力是发展的根本保障。以强化基础能力建设为主导推进培育发展新优势，大力提升交通、能源、人才、载体、平台等保障能力，特别要建设以枢纽经济为特征的开放平台和载体，夯实发展基础、蓄积发展后劲。

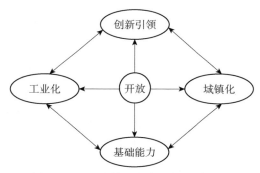

图 7-1 "四张牌"内在逻辑关系图示

打好"四张牌"的内核在"开放"。河南作为内陆省份，改革开放 40 年发展的实践表明，开放是河南经济社会发展的最关键一招。什么时候开放力度大，什么时候发展活力就强；开放力度有多大，发展活力就有多强。对于河南的发展，观念理念靠开放，产业项目靠开放，创新人才靠开放，要靠开放引进优质增量、倒逼改革创新、推动高质量发展。因此，要把开放作为河南打好"四张牌"的主引擎，加大力度实施开放带动主战略，加快创新能力、基础能力建设和工业化城镇化进程，为中原出彩装上最强劲的"发动机"。

二、打好"四张牌"的标志是实现"三大转变"

把握打好"四张牌"的内在逻辑，谋划打造 4 个标志性工程，找准可操作、可量化的有效路径，为习近平总书记在河南提出的"推动中国制造向中国创造转变、中国速度向中国质量转变、中国产品向中国品牌转变"提供河南探索和发展经验，引领带动全省高质量发展。

坚持"核心+支点"建设标志性引领区域。依托郑州航空港经济综合试验区、郑州建设国家中心城市、中原城市群规划等，打造"郑州大都市区（郑汴新许焦）+洛阳副中心"这一大都市连绵带，引进和培育创新资源、人才资源、高端产业资源集聚，发挥整合效应和叠加优势，建设践行新发展理念示范区、四化同步发展引领区，抢占区域竞争战略制高点。

坚持"技术+人才"打造标志性创新平台。依托郑洛新国家自主创新示范区、中国（河南）自由贸易试验区等，推动技术和产业、资本和金融、平台和企业、制度和政策"四位一体"高效对接，搭建一批高水平的创新平台和新型研发载体，聚天下英才共襄崛起。

坚持"基地+基金"建设标志性产业基地。依托即将获批的中国制造2025国家级示范区、郑州航空港经济国家综合试验区、国家大数据综合试验区等，在全省范围内整合各种资源、运用市场机制、吸引社会资金，打造国际国内具有较高知名度和影响力的高端装备、新型材料、智能终端、新能源汽车、现代农业及绿色食品、旅游文化、大数据、现代物流、现代金融等现代产业基地。

坚持"存量+增量"建设标志性重点项目。滚动实施"四个100"重大项目建设，梳理100个重大创新平台类项目、100个投资50亿元以上的重大产业类项目、100个城镇化建设类项目和100个基础能力提升类项目，以项目清单抓落实。

第三节　聚焦重点任务，加快动能转换

一、大力实施开放带动主战略，全力引进优质增量

鉴于河南作为发展中省份的实际，在"走出去"和"引进来"的战略选择上，要坚持把"引进来"放在优先位置，全力引进优质增量。当前及今后一个时期，河南仍处于开放招商、承接转移的重要机遇期、大有作为期，但与"十二五"期间相比，显现出"四个变与不变"的新情况新特征：国际产业转移方兴未艾的态势没有变，但面临高端回流和中低端分流的"双重挤压"；沿海向中部产业转移的大趋势没有变，但出于产能控制、战略取舍和内涵发展等考虑，企业异地投资意愿和能力都有所降低；产业转移以引进项目和资金为主没有变，但正向引人引技引进新业态新模式深化拓展；产业转移的政策诉求没有变，但更加关注承接地产业生态和营商环境的改善。

大力实施开放带动主战略，应遵循规律、把握大势，以产业集聚区为载体，根据区域主导产业绘制产业链条图谱，精准招商、科学选商，引进一批龙头型、基地型项目，以优质增量为主扩大投资，尽快改变工业投资下滑局面。在重点上，充分利用市场、人力和物流优势，重点承接劳动密集型和劳动技术复合型的终端消费品和高端制成品，通过与本土配套企业和上游能源原材料企业对接，打造以终端消费品和高端制成品为引领的特色产业链；在方法上，以总部迁移、返乡创业和引技引智"三路并进"，突出招大引强、集群引进和合作共建"三力齐发"，推动以开拓国内市场为主体的加工制造企业总部迁移，以豫商、豫籍科研人员为重点推动返乡创业，以引技引智为重点推动产业转移深化拓展；在环境上，产业配套能力是当前转移企业首要考虑，应以打造供应链、金融链和物流体系、市场体系为着力点，提升要素资源高度聚合、全产业链无缝对接的生产能力，营造低成本高效率的产业生态。

二、搭建"五个一批"创新平台，构建自主创新体系

建设创新型省份、打造中西部地区科技创新高地是关乎河南未来的大计。针对河南创新能力薄弱的现状，以建设新型研发机构为重点，搭建"政产学研用金介"相结合的创新平台，加快产业链、创新链、金融链、政策链高效融合，防止创新"虚化""脱节"。要通过5个融合对接，整合资源搭建5类平台：一是与大学对接，以现有的7个大学科技园（国家级2个、省级5个）为基础，整合全省高校资源，创建一批各具特色的"大学科技城"，以市场化、专业化构建"创业苗圃—孵化器—加速器"于一体的科技创业孵化生态链条，打造"小而美""专而强"的创新创业平台；二是与产业对接，以企业为主体、充分整合各类创新资源，建设一批高水平制造业创新中心，创新中心既不是简单的企业研发机构独立法人化，也不是科技成果转化中介机构的简单命名，它是由龙头企业牵头、充分整合上下游企业和各类创新资源，以独立法人形式建设的新型研发组织，为全行业和产业链上的中小企业创新发展提供共性技术研发推广和商业化服务；三是与文化对接，厚植文化基因、整合文化资源，建设一批有影响力的文化创意中心、创意设计中心。河南具有丰富的文化资源，但由于缺少创意，还没有产生像湖南卫视、浙江乌镇一样的活力四射的文化产业，要大力发展创意经济，推动优秀文化资源与创意设计、影视动漫等跨界融合，与新型城镇化紧密结合，更多融入公共空间，丰富城乡文化内涵，以创意点亮文化、以创意引领经济；四是与数字经济对接，围绕国家大数据综合经济试验区，以郑州智慧岛为核心，整合信息和数据资源，建设一批"产学研"协同、"聚通用"贯通的大数据研发应用基地、大数据特色产

业集群，大力发展网络经济，围绕大数据"产学研"，深入挖掘大数据政用、民用、商用价值，不断催生新业态、孕育新产业；围绕数据"聚通用"，促进数据共建、互通和分享，打通经济社会发展的信息"大动脉"，把大数据变成大产业、大产业推动大创新；五是与乡村振兴对接，围绕粮食生产核心区，建设一批现代农业高效示范区，以集约、高效、绿色、安全、可持续为方向，以规模化、项目化、市场化、专业化理念，大规模推进高标准农田建设，推动粮经饲统筹、农林牧渔结合、种养加一体，加快绿色安全标准化农产品生产和三次产业融合发展。

平台建设的关键是高端人才引进，目前各地"抢人"大战的政策大方向是一致的，最终比拼的是谁能营造一个拎包创业、安心创新的环境。基于河南人才短缺的现状，建议加快探索建立引进人才、留住人才、用好人才的机制和环境。一是建立走出去引才机制。鼓励各级各部门和企业建立专业化的"小分队"，研究人才流动规律、研究不同专业特点，像引进项目一样引进人才，对重点人才走出去主动联系、紧盯不放，达到引进一个带动一片的效果；二是建立全方位服务人才机制。借鉴项目运作经验，建立人才"双创"全程代办制度、首席服务员制度，对重点人才贴身服务，使其遇事能找到人、找人能办成事，全身心投入创新创业；三是建立"政府搭建平台、企业积极使用"的有效机制。下大力气吸引国内外知名企业、一流高校和科研机构到河南设立全球领先的科学实验室及研发中心，千方百计引进高精尖人才，探索市场化、专业化为企业提供服务的有效机制，力争引进一个人才发展一个产品、带动一个产业。

三、打造一批现代产业基地，加快推动"三个转变"

针对河南产业结构失衡、供需错配的现状，加快转型升级、提质增效，急需建设一批现代产业基地。要围绕河南制造向河南创造、河南速度向河南质量、河南产品向河南品牌"三大转变"，打造一批高水平的现代产业基地：一是坚持高端引领、基础支撑，一头抓大型装备成套化、智能化，一头抓精密基础件、基础元器件配套发展，建设国际先进的输变电装备、农业和食品装备、大型成套装备等高端装备产业基地；二是着眼于"一代装备、一代材料"协调互动，立足原材料基础优势，以轻型化、合金化、专用化为方向，以先进合金材料、尼龙化工材料、超硬材料等为重点，建设全球重要的新型材料产业基地；三是抢抓国家突破芯、屏和集成电路等关键技术机遇，以郑州航空港区为主体，重点发展智能终端、智能硬件和核心零部件、先进传感器等，大力发展信息安全、软件等信息技术服务业，建设全球重要的智能终端产业基地；四是巩固新能源客车优势，以锂电隔膜、正极材料为突破口发展动力电池，加快新能源汽车高端化、规模化和零部件集群化发展，建设全国重要的新能源汽车和动力电池产业基地；五是适应消费升级趋势，突出品牌提升、绿色安全，以农产品就地转化为目标，以冷链食品、休闲食品和饮料制造为重点，加快由"国人粮仓"向"国人厨房"转变，建设全球知名的绿色食品基地；六是挖掘中原厚重的文化内涵，突出创意经济、文化旅游、健康养生，建设丝路文化交流中心和国际旅游目的地；七是巩固提升郑州航空港区多式联运能力，完善贯通南北、连接东西的现代物流体系，建设国际物流中心；八是壮大金融豫军，以郑东新区为重点促进金融集聚，推进金融改革创新，疏通金融服务实体经济的渠道，建设区域性金融中心。

企业是转型发展的主力军、是建设现代产业基地的核心，一个地方无论是稳增长、还是调结构，最终都要落到企业和企业家身上，关键是营造重商、亲商、富商、安商的环境。建议进一步强化企业主体地位，构建为企业全天候、全方位服务的长效机制，培育有影响力的龙头企业和有竞争力的中小企业，大力促进各类市场主体做多做大做强。一是以减负为重点增强中小企业和民营经济活力，大胆突破、积极探索，着力破解企业融资难、融资贵这一当前最迫切的问题，最大限度地降低企业用电、用工、税费等成本，让企业轻装上阵加快发展，加快构建现代产业体系和适宜营商环境。二是以国企改革为重点增强大企业活力，突出"瘦身健体"、自主经营、专业发展，引导有实力的国有企业利用上市平台整合资源，向战略新兴产业进军。三是以企业家素质提高引领企业全面发展。河南企业家与长江三角洲、珠江三角洲不同，很多都是从乡镇企业起步成长的，提升其全球化、市场化和互联网思维尤为迫切。加快实施企业家素质提升工程，弘扬豫商精神，培养勇挑重担、敢想敢干、善于创新的企业家群体。

四、立足"大城市、大农村"并存的现状，统筹推进新型城镇化和乡村振兴

以"一主一副"为主体发展"双核"，建设大都市连绵带。借鉴发达国家经验，建设"郑州大都市区（郑汴新许焦）+洛阳副中心"大都市连绵带，坚持组团式、复合型、生态化发展和城乡共繁荣，大力推进"全域城镇化"，力争5年左右在这一连绵带上力求尽快集聚全省一半左右的常住人口（目前这一连绵带占全省常住人口接近40%）。一是把建设郑州"国家中心城市"作为重中之重。国家发展和改革委员会发布《关于支持郑州建设国家中心城市的指导意见》，明确提出5个方面的18项具体任务，要求郑州建设成为具有创新活力、人文魅力、生态智慧、开放包容的国家中心城市。据2016年腾讯QQ大数据"全国城市年轻指数报告"显示，

郑州年轻指数为 80，在全国城市年轻指数前 20 榜单中名列第 5（前 4 名分别是深圳、温州、苏州、东莞），超过北京、上海、广州和天津。过去 5 年郑州净流入人口 185 万人，仅比深圳少 1 万人。无论是从人口红利还是从城市活力来看，郑州发展后劲十足。郑州市应着眼建设国家中心城市和千万级人口的现代化国际化大都市，以国际的视野、一流的标准规划建设，加快郑汴新许焦"郑州都市区"联动发展，打造面向中西部的新国际门户、新"双创"中心、新市场中心、新网络中心，打造宜业宜居大都市；重点围绕郑汴一体化，对郑东、汴西、港区三角区域进行统筹谋划，综合考虑郑州航空港区、中国（河南）自由贸易试验区等国家战略实施和规划现状，按照新发展理念高标准统一规划，建设大都市核心区，避免在各自规划基础上的功能和建设重复，打造创新发展标杆区、绿色发展示范区；还要促进郑州房地产市场健康发展，防止生活成本、发展成本过高，避免年轻人"待不住"、企业"引不来"、产业"空心化"。二是尽快做大洛阳经济总量。大力推动建设国际智造名城和国际旅游名城，使其真正成为支撑全省经济发展的核心增长极；整合新密、登封、巩义、偃师等工业强市资源，统筹规划、特色发展，建设郑洛工业走廊。三是建设沿黄生态走廊。在黄河两岸建设绿色生态走廊，规划建设"生态绿道"和风情小镇，形成贯通河南的绿色屏障。

以传统农区县域为重点大力发展县域经济，统筹实施乡村振兴战略。要以传统农区的县域为基本单元，大力推进县域城镇化和发展县域经济，统筹实施乡村振兴战略，推动产业和城镇共促、县城和乡村共兴，使传统农区的县域美起来、富起来、强起来。一是大力发展县域城镇化和县域经济。以农区百万人口的县为例，以县域里面的小城镇和县城城关镇为依托，以产业集聚区和专业园区为产业载体，力争县城城区形成 30 万～50 万人的规模、再形成几个 3 万～5 万人规模的小城镇，建设一个百亿元的特色产业集群，努力实现产业旺、城镇靓和就地城镇化。二是积极稳妥地推进乡村振兴。未来农业需要新装备、新技术、新农民，现代农业、田园风光、乡村文明，将是乡村振兴的新内涵。要以百亩规模经营为基础，抓好高标准良田百亩方、千亩方、万亩方建设，持续提升粮食综合生产能力；以"三清、四改、五化"和"一处理"为主要内容开展村庄环境卫生综合整治，在全省普遍建立生活垃圾收运处置体系和环境卫生日常保洁机制，全面改善农村人居环境，建设美丽乡村。三是大胆探索推动城乡要素配置合理化。围绕城镇化，建立城乡统一的建设用地市场，推动进城农民闲置的宅基地从市场交易中获得财产性收入；围绕农业规模化，加快发展多种形式的土地经营权流转市场，推动土地经营权向合作社、农业公司、种田能手集中，使城乡建设用地的增减调整、农业规模经营与新型城镇化、农业现代化进程相适应。

五、突出"四港联动、五流汇聚",持续提升以枢纽经济为重点的基础能力

对河南而言,基础能力的提升除创新人才、载体、要素之外,关键是大力发展枢纽经济,要依托郑州航空港区,持续发挥全国航空、铁路、公路、信息枢纽优势,打造重要综合交通枢纽和商贸物流中心,在"一带一路"中发挥内陆腹地支撑作用。围绕构建空中、陆路和网上丝绸之路,进一步完善"四港联动"格局:加快开发郑州航空港链接全球主要货运机场和发达经济体的国际航线,建设航空枢纽;加快推进 "米"字形高铁,推动郑欧班列均衡运营,建设铁路枢纽;完善内引外联高速公路网,加快公路织网畅通乡村,建设公路枢纽;完善郑州互联网骨干直联点和信息基础设施,建设信息枢纽。通过"四港联动",加快人流、物流、信息流、资金流、商流"五流"汇聚,打造内陆地区最具活力的开放高地。

建设国际物流中心的关键是物流与产业的对接,首先是有"物",然后才能"流"起来。针对主导产业区域物流薄弱现状,在打造国际物流体系的同时,要以便捷集合便宜为特征的区域物流网络建设为重点,构建区域供应链体系,用"流"把河南的"物"带起来。一是围绕区域主导产业和优势集群,大力推广"制造业+服务业"产业链模式,合理设计区域物流半径,大力发展电子商务平台、公共物流体系和专业市场;二是针对河南主导产业链上的关键缺失环节(如智能终端的模具、纺织服装的印染等),利用互联网手段与沿海建立网络,推动产业链上下游不同主体集中到一个云平台上无缝对接,通过打造供应链弥补缺失环节,建设低成本高效率的供应链体系。

第四节 加强软环境建设,汇聚出彩中原的合力

打好"四张牌"是一项系统工程,要真正落到实处、取得实效,切实实现"三大转变",应加强理念更新、项目建设和环境营造。一是理念。当前,以新一代信息技术等为引领的新技术革命和产业变革方兴未艾,加速对市场组织、要素配置、业态模式进行新的重构,引发全业态、全流程、全领域变革,深刻改变着生产方式、生活方式及思维方式,对各级干部的市场化理念、专业化水平和执行力都提出了更高要求。迫切要求各级领导干部加强学习研究、提升专业素养,既要埋头苦干,也要善干巧干,把工作热情与科学精神结合起来,把劲使到关键处、工作做到点子上,增强把握和运用规律的能力,提高驾驭经济工作的本领。二是项目。把项目建设作为主要抓手,围绕"四张牌"加强谋划,分别梳理出一批事关全局、

带动性大、竞争力强的重大项目，专案专题专业推进，建立责任制狠抓落实。重要的是要激活社会资本和民间资本，要以壮士断腕、改革创新的精神搬走"转型的火山、融资的冰山、负担的高山、人才的荒山"，激发民营经济新动能。三是环境。当前，人口、人才的流动越来越重视舒适感，区域经济分化很重要的是软环境的比拼。作为政府要营造一个鼓励创新、宽容失败的环境，对企业家特别是民营企业家高看一眼、厚爱一分，大力培育企业家精神和工匠精神，加快从拼要素资源向改善产业生态转变，从拼优惠政策向政策稳定性转变，从拼短期效益向实现可持续发展转变，构建稳定适宜的营商环境，让企业家、创新人才和年轻一代汇聚中原、大展宏图。

参考文献

蔡昉. 2011. 中国的人口红利还能持续多久[J]. 经济学动态，（6）：3-8.

蔡昉. 2012. 中国人口与可持续发展[J]. 中国科学院院刊，27（3）：314-319.

陈百明. 2000. 农村社区更新理念、模式及其立法[J]. 自然资源学报，（02）：101-106.

陈锡文. 2002. 农民增收需打破制度障碍[J]. 经济前沿，（11）：4-6.

陈锡文. 2013a. 构建新型农业经营体系刻不容缓[J]. 求是，（22）：38-41.

陈锡文. 2013b. 加快构建新型农业经营体系[J]. 农村工作通讯，（23）：8-11.

陈小京. 2008. 湖北农村社区建设的调查与思考[J]. 湖北社会科学，（11）：79-80.

陈晓华. 2016. 农村三产融合发展是农业产业化新着力点[J]. 江苏农村经济，（10）：11.

陈宗胜，黎德福. 2004. 内生农业技术进步的二元经济增长模型——对"东亚奇迹"和中国经济的再解释[J]. 经济研究，（11）：16-27.

迟福林. 2013a-07-17. 积极推进人口城镇化[N]. 人民日报，（07）.

迟福林. 2013b. 以人口城镇化为支撑的公平可持续发展——未来 10 年的中国[J]. 经济体制改革，（1）：9-11.

邓大才. 2013. 新型农村城镇化的发展类型与发展趋势[J]. 中州学刊，（2）：25-30.

丁凯. 2009-09-04. 转变经济增长方式关键在哪[N]. 中山日报，（A03）.

冯·杜能. 1986. 孤立国同农业和国民经济的关系[M]. 吴衡康译. 北京：商务印书馆.

冯道杰，程恩富. 2015. 不同农业经营体系的构建与分散型村庄的未来[J]. 中州学刊，（1）：47-53.

冯钢. 2002. 整合与链合——法人团体在当代社区发展中的地位[J]. 社会学研究，（04）：7-14.

傅晨. 2005. 城市化概念辨析[J]. 南方经济，（04）：29-30.

甘信奎. 2006. 村民自治的历史成因及作用评价[J]. 内蒙古电大学刊，（11）：62-63，74.

葛信勇. 2011. 农民工市民化影响因素研究[D]. 重庆：西南大学.

辜胜阻，刘江日. 2012. 城镇化要从"要素驱动"走向"创新驱动"[J]. 人口研究，36（06）：3-12.

郭翔宇. 2004. 统筹城乡发展的理论思考与政策研究[J]. 山东财政学院学报（双月刊），（5）：76-83.

韩爱农. 2005. 非营利组织在社会保障领域发挥作用的必要性分析[J]. 内蒙古科技与经济，（5）：27-28.

韩俊. 2013. 中国三农问题的症结与政策展望[J]. 中国农村经济，（1）：4-7.

何昇林，李彝利，吴沁珍，等. 2009. 农村青壮年劳动力流失与耕地撂荒问题探讨[J]. 中国农村小康科技，（2）：15-17.

贺雪峰. 2010. 论农村基层组织的结构和功能[J]. 天津行政学院学报，12（6）：45-62.

胡杰成. 2011. 新生代农民工市民化的现状、障碍与促进对策[J]. 中国经贸导刊，（04）：38-39.

华生. 2006-03-13. 新农村建设的三个核心问题[N]. 中国工商时报，（007）.

黄锟. 2011. 城乡二元制度对农民工市民化影响的理论分析[J]. 统计与决策，（22）：82-85.

简新华，黄锟. 2010. 中国城镇化水平和速度的实证分析和前景预测[J]. 经济研究，（3）：28-39.

建设社会主义新农村目标、重点与政策研究课题组，温铁军. 2009. 部门和资本"下乡"与农民专业合作经济组织的发展[J]，经济理论与经济管理，（7）：5-12.

景普秋，张复明. 2004. 工业化与城镇化互动发展的理论模型初探[J]. 经济学动态，（8）：63-66.

居德里. 2006. 农村社区是新农村建设的有效载体[J]. 上海农村经济，（09）：35-37.

孔凡文，许世卫. 2006. 我国城镇化与工业化发展关系分析与判断[J]. 调研世界，（7）：45-47.

李程骅. 2013. 新型城镇化战略下的城市转型路径探讨[J]. 南京社会科学，（2）：7-13.

李国平. 2012. 我国工业化与城镇化的协调关系分析与评估[J]. 地域研究与开发，（5）：6-12.

李厚廷. 2014. 农业经营体系的构建——经营形式多元化格局中的农户经营主体地位[J]. 现代经济探讨，（7）：39-43.

李强，唐壮. 2002. 城市农民工与城市中的非正规就业[J]. 社会学研究，（6）：13-25.

李强，陈宇琳，刘精明. 2012. 中国城镇化推进模式研究[J]. 中国社会科学，（7）：82-100，204.

李琴. 2017. 把握好农村土地适度规模经营的尺度[J]. 农村经营管理，（3）：33.

李青，陶阳. 1999. 对我国工业化与城市化相关关系的纵向考察[J]. 城市问题，（1）：34-38.

李文安，马文起. 2012. 河南农业土地规模经营模式及效益分析[J]. 南都学坛，（4）：98-101.

李文彬，陈浩. 2012. 产城融合内涵解析与规划建议[J]. 城市规划学刊，（7）：99-104.

梁晓东. 1984. 我国的农业经营形式初探[J]. 天津社会科学，（4）：15-20，37.

林毅夫. 2007. 新农村建设给中国广告业带来的机遇和挑战[J]. 广告大观（理论版），（03）：4-7.

林毅夫，蔡昉，李周. 1999. 比较优势与发展战略——对"东亚奇迹"的再解释[J]. 中国社会科学，（5）：3-20.

凌耀初. 2005. 中国县域经济发展战略[M]. 上海：学林出版社.

刘从政. 2009. 对统筹城乡发展的几点认识——以成都实践为例[J]. 重庆行政，（12）：21-23.

刘福垣. 2006-12-26. 新农村建设的必由之路——鄂尔多斯模式[N]. 中国经济时报，（004）.

刘继同. 2004. 回应社会需要与解决社会问题：中国社会工作发展的关键与突破口[J]. 社会工作，（02）：5-9.

刘俊杰. 2005. 县域经济发展与小城镇建设[M]. 北京：社会科学文献出版社.

刘荣增，王淑华. 2013. 城市新区的产城融合[J]. 城市问题，（6）：18-22.

刘志彪，张杰. 2007. 全球代工体系下发展中国家俘获型网络形成、突破与对策[J]. 中国工业经济，（5）：39-47.

罗必良. 2015. 农业共营制：新型农业经营体系的探索与启示[J]. 社会科学家，（5）：7-12.

罗筱玉. 2006. 围绕大局 立足服务 努力维护人民群众的切身利益[J]. 中国民政，（04）：16-18.

吕政，黄慧群，吕铁，等. 2005. 中国工业化、城市化的进程与问题——"十五"时期的状况与"十一五"时期的建议[J]. 中国工业经济，（12）：5-13.

马宏伟. 2013a-05-16. 城镇化：在比较中走新路[N]. 人民日报，（07）.

马宏伟. 2013b-06-13. 城镇化：怎样做到以人为核心[N]. 人民日报，（07）.

马歇尔. 1997. 经济学原理[M]. 朱志泰译. 北京：商务印书馆.

毛小明. 2015. 产业承接地工业园区产城融合问题探析[J]. 中州学刊，（12）：29-34.

倪鹏飞. 2013. 新型城镇化的基本模式、具体路径与推进对策[J]. 江海学刊，（1）：87-93.

欧定余，尹碧波. 2006. 现代城市化标准与城市边界[J]. 统计与决策，（20）：68-70.

戚学森. 2008. 应对突发事件着力六大体系建设[J]. 社会福利，（03）：9-10.

钱纳里，赛尔昆. 1988. 发展的型式（1950-1970）[M]. 李新华，等译. 北京：经济科学出版社.

秦润新. 1999. 农村城市化是中国城市化道路的必然选择[J]. 唯实，（12）：45-47.

仇保兴. 2010. 城镇化的挑战与希望[J]. 城市发展研究，（1）：1-7.

沈关宝，王慧博. 2008. 城市化进程中的失地农民问题研究[J]. 上海大学学报（社会科学版），13（7）：58-62.

孙宁华，洪银兴. 2001. 可持续发展的产业经济学分析[J]. 南京社会科学，（1）：8-14.

孙新雷，郭鸿雁. 2003. 河南省工业化与城镇化协调发展研究[J]. 经济经纬，（5）：28-32.

孙正林. 2008. 新农村建设与工业化、城镇化关系研究——日本工业化和城镇化的发展对我国的启示[J]. 求是学刊，35（1）：66-70.

王慧. 2003. 开发区与城市相互关系的内在机理及空间效应[J]. 城市规划，（3）：20-25.

王景全. 2014. 中西部欠发达地区就近城镇化研究——以河南省民权县为例[J]. 中州学刊，（11）：63-66.

王景新. 2015. 中国农村发展新阶段：村域城镇化[J]. 中国农村经济，（10）：4-14.

王霄. 2007. 论乡镇应纳入农村社区及乡镇直选[J]. 河北科技师范学院学报（社会科学版），（04）：58-62.

王小琪. 2013. 新形势下我国城镇化转型路径[J]. 财经科学，12（309）：73-81.

韦伯 A. 1997. 工业区位论. 李刚剑，等译[M]. 北京：商务印书馆.

文新. 2014. 新时期农村土地流转：基于构建新型农业经营体系的思考[J]. 学术论坛，（8）：79-84.

吴敬琏. 2009. 中国增长模式抉择[M]. 上海：上海远东出版社.

武宗义. 2008. 山东出台首个孤儿综合性福利制度[N]. 中国社会报，（001）.

徐勇. 2006. "再识农户"与社会化小农的构建[J]. 华中师范大学学报，（3）：2-8.

徐勇. 2007. 在社会主义新农村建设中推进农村社区建设[J]. 江汉论坛，（04）：12-15.

徐勇. 2013. 深化对农村城镇化认识十题[J]. 东南学术，（3）：4-8.

阎星，田昆，高洁. 2011. 破除二元体制，开拓中国新型城市化道路——以成都城乡统筹的改革创新为例[J]. 经济体制改革，（1）：112-115.

晏群. 2005. 关于小城镇与城镇化的若干问题[J]. 城市，（03）：15-17.

杨小凯，黄有光. 1999. 专业化与经济组织——一种新兴古典微观经济学框架[M]. 北京：经济科学出版社.

杨晓东，王利平. 2008. 基于当前失地农民就业保障体系存在问题的制度经济学分析[J]. 经济研究导刊，19（38）：9-11.

杨迅. 2008. 农村社区化：农村改革发展的模式取向[J]. 山东省农业管理干部学院学报，（05）：217.

曾祥炎，刘友金. 2014. 基于地域产业承载系统适配性的"产-城"互动规律研究[J]. 区域经济评论，（1）：48-54.

张昌良. 2008. 中国特色城市化道路——中小城市发展研究[J]. 河南社会科学，（7）：62-76.

张道刚. 2011. "产城融合"的新理念[J]. 决策，（1）：1.

张克俊，桑晚晴. 2014. 新型农业经营体系的理论认识与构建路径研究[J]. 开发研究，（2）：94-98.

张培刚. 1984. 农业与工业化[M]. 武汉：华中工学院出版社.

张彀. 2006. 发展县域经济新思维[M]. 合肥：合肥工业大学出版社.

张肖敏. 2006. 农村流动人口就业问题初探[J]. 学海，（02）：129-133.

张占斌. 2013. 新型城镇化的战略意义和改革难题[J]. 国家行政学院学报，（01）：48-54.

张占仓. 2010. 河南省新型城镇化战略研究[J]. 经济地理，（9）：1462-1467.

赵君，肖洪安. 2004. 农村城市化的动力机制和战略思路探讨[J]. 农业现代化研究，25（1）：22-25.

赵立新. 2006. 城市农民工市民化问题研究[J]. 人口学刊，（04）：40-45.

郑风田，崔海兴，程郁. 2015. 产业融合需突破传统模式[J]. 中国农民合作社，（11）：39.

郑新立. 2015-03-30. 把握新常态下新亮点新机遇[N]. 人民日报，（07）.

郑新立. 2016-12-05. 城乡一体化是最大的新动能[N]. 学习时报，（01）.

郑新立. 2017. 抓住重大问题推进供给侧结构性改革[J]. 北京交通大学学报（社会科学版），16（4）：1-7.

钟秀明. 2004. 推进城市化的动力机制研究[J]. 山西财经大学学报，26（4）：60-62.

Chenery H B. 1960. Patterns of industrial growth[J]. The American Economic Review，50（4）：624-654.

Gereffi G. 2005. The global economy：Organization，governance，and development// Smelser N J，Swedberg R. Handbook of Economic Sociology[M]. Princeton：Princeton University Press and Russell Sage.

Gereffi G，Sturgeon T. 2005. Globalization，employment，and economic development：A briefing paper. Working paper for sloan workshop series in industrial studies[R]. Rockport，Massachusetts，（6）：14-16.

Hirschman A O. 1958. The Strategy of Economic Development[M]. New Haven：Yale University Press.

Krugman P. 1995. Growing world trade：Causes and consequences，brookings，economic studies program[J]. The Brookings Institution，（26）：327-377.

Lewis A W. 1954. Economic development with unlimited supplies of labour[J]. Manchester School，22（2）：139-191.

Lewis A W. 1958. Unlimited labour：Further notes[J]. Manchester School，26（1）：1-32.

Northam R M. 1975. Urban Geography[M]. New York：John Wiley ＆ Sons.

Perroux F. 1971. Note on the concept of growth poles//Living S I. Economic Policy for Development: Selected Readings. Harmondsworth: Peguin.

Porter M E. 1985. The Competitive Advantage[M]. New York: Free Press.

Ranis G, Fei J C H. 1961. A theory of economic development[J]. The American Economic Review, 51（4）: 533-565.

Rosenstein-Rodan P N. 1943. Problems of industrialisation of eastern and south-eastern Europe[J]. The Economic Journal, 53（3）: 202-211.

Rostow W W. 1960. The Stages of Economic Growth: A Non-Communist Manifesto[M]. Cambridge: Cambridge University Press.

Sanjaya L, Streeten P P. 1977. Foreign Investment, Transnationals and Developing Countries[M]. London: Macmillan.

附录一　蝉蜕时期的痛苦和希望①

——关于巩义市推进传统产业转型升级发展的调研报告

在历史的长河中,巩义人挺立潮头,敢为天下先。从 1912 年孝义兵工厂开始,历经中华人民共和国成立前的民族工业、20 世纪 70 年代的社队工业、80 年代的乡镇企业、90 年代的股份制企业、21 世纪以来的民营企业等发展阶段,特别是在 20 世纪 70 年代,回郭镇领办社队企业的经验,被毛泽东同志誉为"伟大光明灿烂的希望",是全国乡镇企业发祥地之一。1992～2007 年巩义市综合实力连续 16 年居河南省县域首位,连续 9 届跻身全国百强县（市）。但是,巩义市重工业占比超过 95%,产业结构偏重化、产业链条短、科技含量和附加值低,金融危机以来受到很大冲击,企业经营整体困难。2011 年河南省县域经济社会发展评价结果显示,巩义市滑落至河南省"前十强"的第七位,2012 年财政收入由河南省第一位滑落至第三位,且土地、资源、环境约束日益强化。巩义市在不断被追赶、被超越中,经济发展到了何去何从的十字路口。面对困难和挑战,巩义市努力在困境中奋起,打响了新一轮的产业转型升级攻坚战。

1. 艰难探索:没有落后的产业,只有落后的产品,必须以壮士断腕的决心推动传统产业转型升级

（1）突出思想转变,廓清方向路径。近年来,历届巩义市委、市政府班子、广大的巩义企业家一直在探索符合巩义实际的产业转型升级之路。2012 年年底,巩义市委、市政府提出了"抢抓机遇、转型升级、承接转移、跨越发展"的总要求,提出了"高端化、终端化、高效益"的传统产业发展方向。强调"传统产业不是包袱,先进的传统产业是财富"的深刻阐述,进一步坚定了加快转型升级、实现跨越发展的信心和决心。围绕贯彻落实这一指导思想,巩义市深入开展大调研活动,向全市发出了"二次创业"的动员令,把经济下行的压力转化为结构调整的内在动力,全力探索走好高端化、终端化、高效益的传统产业转型升级路子,探索走好符合巩义市实际、城乡一体、具有广泛示范带动意义的新型城镇化路子,

---

① 2013 年 5 月份调研成果。

加快建设郑州市西部区域性中心城市，确立了在中原城市群、郑州都市区中的责任担当。

（2）突出主导产业，强化政策支持。经过百余年工业发展的积淀，巩义市形成了铝及铝精深加工、耐火材料、装备制造三大在全国有较大影响力、占全市工业比重80%以上的主导产业。在深入调研和论证，征求知名专家和企业家等多方意见的基础上，巩义市立足自身实际，以"高端化、终端化、高效益"为指针，从2012年起先后出台了《巩义市打造千亿级铝工业基地行动计划的实施意见》《巩义市建设具有国际水平的高端耐材工业体系实施方案》《巩义市打造先进装备制造业基地行动计划》，围绕打造国际水平千亿级铝及铝精深加工基地、建设高端耐材工业体系和打造"以上海为前沿阵地 + 巩义生产基地支撑"的矿山水泥建材机械之乡目标，设立每年6000万元的产业发展专项资金、每年500万元的引进人才专项资金，出台了延长上下游产业链条增强产业优势、培育专业化市场、鼓励企业改制重组、推动产学研深度合作等一揽子政策措施，通过关一批、压一批、上一批，积极引导龙头企业向高端化发展、中小企业向终端化发展、产业向高端化终端化融合发展，全面加快传统产业转型升级步伐。

（3）突出改造提升，加快高端引领。巩义市把传统产业作为转型升级的基础和创新的源泉，积极引导本土龙头企业面向市场需求，瞄准行业技术前沿，加大自主创新力度，切实运用适用技术和信息技术改造提升传统产业，提高产品科技含量和高端化水平。一是运用先进技术改造提升传统产业。河南豫联能源集团有限责任公司利用欧美市场收缩的机遇，进口了1.4亿美元的高端技术装备，高精铝热连轧项目成功轧制出第一卷，与上海交通大学合作成立先进铝合金材料联合研究中心。河南明泰铝业股份有限公司把握汽车轻量化的机遇，投资5亿元启动汽车用高端铝板材项目，与中国汽车研究院合作的汽车轻量化研究与检测中心已开工建设。河南万达铝业有限公司罐体料、拉环料项目进入试生产，填补了国内企业"零生产"空白，同时投资15亿元发展舰船用高端铝材，取得中国船级社、挪威船级社认证。二是注重运用信息技术改造提升传统产业。巩义市建成了中小企业信息化服务平台，全市共有企业网站1500多家、局域网121个，50%的企业利用各种网络手段开展电子营销业务，80%的骨干企业在生产过程控制中采用了信息技术，30%的骨干企业采用计算机辅助设计技术。郑州华德永佳地毯有限公司自主研发了生产设计一体化网络应用系统，实现了计算机设计信息与数码喷射印花系统、数码喷射印花打样机系统的融合。

（4）突出产业承接，实施终端嫁接。巩义市依托本地优势，秉承合作共赢观念，注重以企招商、以商招商、产业链招商，以引进终端化项目、消化更多铝板带箔为目的，重点承接具有研发优势和机制活力、生产终端产品的中小企业抱团转移，打造全产业链优势。一是突出"以商招商"，引进企业投资 18 亿元建设中鸿铝精深加工产业园项目，80 万平方米标准厂房已经开工建设，将从东南沿海引进 100 多家中小型铝终端企业。二是突出以"市场换技术""以市场换产业"，引进投资 5.3 亿元的河南宝鸿实业有限公司 LED 照明灯及 LED 照明产业化项目，集研发、生产、设计、工程于一体，70%构件为铝材料。三是突出"筑巢引凤"，河南鑫泰铝业有限公司、河南中州铝业高科有限公司，以"零租金"的方式提供厂房，分别从广东引进铝制汽车散热器加工商、从浙江引进生产建筑用铝材，就地消化铝板、开拓市场。

（5）突出集聚集群，注重统筹推进。巩义市着力构建"一带三区两园"的产业发展新格局。一带，即沿 310 国道东部米河、新中、小关、竹林、大峪沟五镇产业带。三区，即以铝加工为主导产业的巩义市产业集聚区，以能源、铝及铝加工、先进装备制造业为主导产业的豫联产业集聚区；以特钢、水处理材料、物流为主导产业的巩义市经济技术产业园区。两园，即以发展高档环保耐火材料为主导的北山口耐火材料特色园区，以发展金属制品加工为主导的康店金属制品特色园区。2012 年，巩义市投入 13.4 亿元用于集聚区基础设施建设，引导 30 个企业向产业集聚区集中，并在搬迁中技改、搬迁中升级。巩义市产业集聚区范围内 6 个村庄实施搬迁后，可节约土地 3000 余亩，2012 年成功创建国家级新型工业化产业示范基地；豫联产业集聚区集中居住区建成后，可安置村民 1 万人，腾出发展空间 2000 多亩，有效推动了资源的集约节约，实现了绿色发展和可持续发展。

（6）突出队伍建设，支撑转型升级。巩义市在转型升级的过程中，努力打造三支队伍。一是企业家队伍。巩义市大力弘扬愈挫愈勇、自强不息的企业家精神，通过行业协会、企业联合会，持续开展各种活动，加强企业之间的交流，把全市企业家凝聚起来，形成合力。建立培育新一代年轻企业家长效机制，组织去浙江大学、厦门大学集中培训学习，提高管理水平和能力，实行企业管理者的顺利交接。二是创新团队。制定高层次人才引进的补贴、奖励等政策性措施，坚持"引进一名人才、带来一批团队、兴旺一个产业、培育一个经济增长点"和"不求所有，但求所在，为我所用"的理念，加大高层次管理和创新创业型人才的引进。三是政府管理团队。无论机构名称如何变化，20 多年来巩义市从事工业行业管理的人员队伍一直保持相对稳定，他们和巩义工业共同成长，视企业如生命，把企业家当亲人，以一颗虔诚的心，立足本职，一心一意，服务企业，为巩义市产业转型升级真正起到了积极推动作用。

2. 艰苦转型：传统产业是财富，不是包袱，关键是要探索出一条高端化、终端化、高效益的路子

通过实施一系列有效举措，巩义市产业转型升级取得初步成效，工业结构和产业布局不断优化，工业发展的质量和效益不断提升。

（1）产业产品结构逐步优化。通过关一批、压一批、上一批，拉长了产业链条，提高了产品精深加工度。一方面加快淘汰落后，2012 年巩义市关闭、拆除、取缔违反产业政策污染企业 95 家，治理橡胶、碳素、净水剂、钢铁、酚醛树脂等行业企业 190 家。另一方面注重增量调优，2012 年围绕三大主导产业新上符合"高端化、终端化、高效益"的亿元以上项目 52 项，总投资 206 亿元，加快铝产业由原材料生产地向终端产品输出地转变，推动耐材产业集约化、高效化、服务化发展，打造全国先进制造业基地。2013 年 1~2 月，巩义市规模以上工业增加值增速达到 14.2%，分别超过河南省、郑州市平均水平 2.7 个百分点、2.9 个百分点。其中，高技术产业增速分别比 2012 年 11 月、12 月高出 28.1、27.6 个百分点。

（2）企业综合竞争力不断增强。巩义市基本形成了以 30 强双扶企业为支撑、百家重点企业为骨干、352 家规模以上企业为基础的梯队发展格局。拥有中国 500 强企业豫联集团、省百强企业 6 家；销售收入超百亿企业 1 家、超 20 亿企业 7 家、超 10 亿元企业 15 家，上市企业 7 家，成为中西部地区上市企业最多的县级市。目前，巩义市已建成省级、市级企业技术中心 38 家，省级、市级工程技术研究中心 21 家，河南明泰铝业股份有限公司联合科研院所合作建设国家级铝板带箔工程技术研究中心、巩义通达中原耐火技术有限公司培育国家级冶金炉材工程技术研究中心。巩义市共有河南省名牌产品 19 个、河南省著名商标 16 个、中国驰名商标 2 个。国内具有自主知识产权的 4 条热轧机生产线中，巩义市占了 2 条。耐材行业的电子封装材料产品，填补了国内空白，生产的超微粉各项指标均优于日本同类产品。

（3）集群集约、协调发展态势更加明显。2012 年，巩义市重点产业集聚区规模以上企业主营业务收入 754.7 亿元，固定资产投资 166.9 亿元，实现税收 14.3 亿元，分别占全市的 54.3%、55%、42.7%。豫联产业集聚区以高端化为重点，巩义市产业集聚区以终端化为重点，两个省级产业集聚区分别形成比较优势，实现错位发展。其中，巩义市产业集聚区铝精深加工产量达 180 万吨，占河南省的 63%、占全国的 21.9%。回郭镇依托巩义市产业集聚区，将 13.3 平方千米的产业集聚区和与之毗邻的 11.7 平方千米的回郭镇旧城更新区同步规划发展，统筹建设了文体活动中心、污水处理厂、生态廊道等基础设施和公共服务设施，建成区面积由原来的 7.3 平方千米扩大到 9.5 平方千米，逐步形成充满生机、生气勃勃的 30 万人

口规模小城市，以产兴城、产城互动态势更加明显。截至 2012 年年底，巩义市先后荣获国家卫生城市、国家园林城市、中国优秀旅游城市和国家林业生态（县）市，巩义市伊洛河出境水质达标率 100%，城市集中饮用水源水质达标率 100%，市区一二级优良天数占全年的 83.5%，群众的生活环境进一步改善，一个老工业基地正大步向产业高端、产品创新、资源节约、环境友好的美丽城市迈进。

3. 有益启示：转型升级事在人为、大有可为，巩义市推动产业转型升级的生动实践为我们提供了经验和借鉴

巩义市始终坚持"工业立市、工业强市"的发展战略，牢牢把握"科学发展、转型升级"的发展主线，推动转型升级呈现出好的态势、好的趋势。给我们提供了很多有益的借鉴和启示。

（1）转型升级必须转变观念和真抓实干相结合。思路是行动的先导。经过痛苦的实践探索，巩义市委、市政府和广大企业家深切地体会到，过去依赖物质投入、拼资源环境、靠外延扩张的传统发展方式已不可持续，产业转型升级势在必行。在转型升级的进程中，有两点认识已深入人心：一是传统产业不是包袱，而是调优结构、转型发展最现实的资源优势，只有落后的产品，没有落后的产业。二是新兴产业不是凭空而来的，传统产业和新兴产业更不是水火不容，二者可以相互转换、融合发展。发展新兴产业不能抛弃传统产业，传统产业也可向战略性新兴产业进军。行动是思想的体现。针对铝及铝精深加工、耐材工业、装备制造三个主导产业，巩义市分别制定了有针对性、可操作性、实效性的行动计划，配套实施一揽子政策措施，倾力支持产业转型升级，起到了较好的引导和推动作用。

（2）转型升级必须立足实际和明确方向相结合。地方的经济发展离不开现实基础、现有条件和历史渊源，立足实际就是要客观分析自身的实际情况，尊重客观规律，扎实做好工作。明确方向就是清晰思路，确定转型升级往哪儿转、朝什么方向转。近年来，巩义市始终坚持把量大根深的本土企业作为转型升级的基础、作为创新的源泉，着力谋划铝及铝精深加工、耐材、装备制造向高端化、终端化、高效益方向转化。所谓高端化，就是通过加强龙头企业技术研发、增强创新能力、提高装备水平等手段提升高端技术和高端产品的研发能力。所谓终端化，就是主动贴近市场，引导广大中小企业生产终端产品，拉长产业链。所谓高效益，就是通过对外嫁接、优势聚合促进高端化和终端化融合发展，谋求发展的高质高效，共同推动产业转型升级。

（3）转型升级必须激发内力和借助外力相结合。激发内力主要是立足巩义市的工业实际，着力提升本土企业的创新活力，加快技术改造和信息化改造，努力实现从"巩义制造"向"巩义创造"转变。巩义市特别重视产学研用的结合，依

托本地企业积极开展与上海交通大学、东北大学、中国汽车工程研究院等科研院所的合作，把企业和科研机构有机地联合在一起，建立各方协力的研发平台，积极开展协同创新，有效提升了综合竞争力。借助外力主要是积极承接国内外产业转移，将借助外力与激活内力结合起来。紧紧围绕主导产业招商，实行产业链招商，积极打造全产业链优势，形成产业集群；实行以企招商，坚持政府推动、企业为主，自愿互利、务求实效的原则，着力推进本地企业与外地企业的战略合作，实现优势嫁接、互利共赢、借力发展。

（4）转型升级必须企业主体和政府推动相结合。企业是市场经济的主体，巩义市的一次次涅槃重生、一次次转型突破，关键是巩义市的企业，核心是巩义市精心培育的企业家精神，巩义市的企业家有一种打不倒、压不垮，愈挫愈勇、自强不息的顽强精神，深耕于实体经济，努力把企业做强做优做久，在推动企业发展的过程中也造福员工、贡献社会。而政府的推动同样不可或缺，无论形势如何变化，巩义市"工业立市、工业强市"的发展战略从未改变，关注工业、支持工业的态度从未改变，爱工业、抓工业的队伍保持稳定，埋头苦干、求真务实，脚踏实地、真抓实干，推动巩义工业不断转型升级，实现一个又一个跨越。

（5）转型升级必须系统推进和统筹协调有机结合。巩义市政府深刻地认识到，要跳出工业看工业，用系统的思维来推动产业转型升级。转型发展是一个系统工程，不仅有产业结构的转型升级，还有城乡结构、体制机制等诸多方面的转型升级。巩义市政府认为，没有城镇化质与量的双提升，就难有工业发展的大转型。在转型升级过程中，必须拉长短板、夯实基础，坚持道路先行推进城镇建设，促进城乡各种要素的集聚与分散更加科学合理、城镇与产业的互动更加紧密、居住和就业的关系更加符合实际；加快体制创新，对组团新区产业集聚区管理机构与行政区域管理套合改革，通过一套班子两块牌子，进一步提高工作效率、服务效能；将产业集聚区有机融入城镇发展体系，加强基础设施和公共服务设施建设，提升产业集聚区承载能力和辐射功能，有力地推动工业转型升级。

4. 几点建议

（1）大力推进工业强省战略。巩义市的工业发展历程表明，做大工业规模相对容易，由大到强难度较大。当前，河南省正处在由工业大省向工业强省转变的关键时期，要坚定不移的全力推进工业强省战略，把握国内外环境的新变化，立足新的省情实际，找准深层问题与瓶颈障碍，明确工业强省战略的思路、任务、步骤和措施，持续探索符合河南省实际的新型工业化路子，着力推动河南省工业由大变强。要处理好工业化和城镇化的关系，用系统的思维推动产业转型升级，做到统筹推进、共同发展。

（2）完善转型升级推进机制。加快研究制定河南省加快推进工业转型升级指导意见、构建新型工业化产业体系指导意见等指导性文件，出台工业转型升级的推进措施和工作方案，创建一批省级工业转型升级示范区。建议在系统整合现有工业、科技领域相关资金的基础上，研究设立河南省工业转型升级专项基金，实施工业企业转型升级工程，支持工业企业由老工艺、老产品、老业态向新工艺、新产品、新业态的顺利转型，降低企业转型升级的成本。同时，要创新考核机制，积极探索建立工业转型升级的指标考核体系，提高研发创新环节的权重，引导地方政府从注重规模和投资向注重质量和效益转变。

（3）加快推进创新驱动。落实创新驱动发展战略是增添内生动力，推进工业转型升级的主导路径。在提高原始创新、集成创新和引进消化吸收再创新的同时，要更加注重协同创新，着力构建以企业为主体、市场为导向、产学研相结合的技术创新体系。河南省要鼓励、支持、引导企业同国内外科研院所开展协同创新，打造一批落实创新驱动发展战略的高端平台，形成创新资源集聚发展态势，创建一批研发与产业无缝对接的产业集群。对传统产业，要充分利用技术改造投资少、工期短、见效快等特点，采用先进的、适用的新技术、新工艺、新设备、新材料等对现有的设施、生产工艺条件进行改造。要贯彻落实国务院和省政府促进企业技术改造的意见，健全工作机制，完善项目管理体系、统计指标体系和服务体系，提高技改投入的质量和效益，力争在传统产业改造提升上取得新突破。

（4）支持重点行业转型解困。能源、原材料等传统产业为河南省经济发展做出了突出贡献，现在由于形势变化暂时陷入困境。但从长远看，这些产业仍是河南省工业转型升级的基础。要从全产业链、产业融合等多重视角，关注、支持重点行业转型升级，完善政策措施，促进产业链向终端延伸以及不同产业融合发展。建议举办省内产业链上中下游企业专题对接会，如由电解铝企业、铝深加工企业与汽车零部件企业、家电企业、装备制造企业、电子信息制造企业等参加的对接会，促进上中下游企业间在原材料供应、新材料联合开发、产业链配套、协同创新等领域加强合作，以解困促转型、以转型促解困。注重通过"管理+营销"，实现高端化、高效益，推动传统产业由过去订单式生产、来料式加工，向工程设计、安装方向发展，由单一制造向工程服务转型，不断提高市场竞争力和企业利润。

（5）持续深化企业服务。一方面，面对转型升级的巨大压力，企业持续加大研发投入和新产品开发力度，从追求规模和投资向追求效益和创新转型，对软环境、制度的要求更高。另一方面，高端产业和高端环节的转移对以土地、非熟练劳动力、费税优惠等低成本要素的敏感度降低，对产业链配套、高素质人才、生产性服务业等高级要素更加重视。原来那种注重抓投资、抓落地的传统的企业服务体系显然不能适应企业转型升级的需要。政府部门要在做好土地、资源、融资等要素保障工作的同时，进一步创新企业服务体系，更加重视软环境建设、产业配套能力建设、市场信息提供、人才发展环境优化等内容，努力满足企业转型升级要求，不断优化发展环境，引导企业由 "被动转"向"主动转"转型。

（6）弘扬企业家"二次创业"精神。巩义工业发展史就是一部企业家"二次创业"的历史，企业家可以多次在老产业衰落时找到新的更有市场潜力的投资领域。这种"二次创业"的企业家精神是推进区域工业转型升级的重要支撑，转型升级对区域来说是一次蜕变，对其主体企业来说就是"二次创业"。河南省在加快工业转型升级中必须弘扬企业家"二次创业"精神，鼓励企业家敢于抛弃老思路、老产品，开拓新领域、新模式，实现生产要素向新技术、新产业和新领域聚集，在扬弃中实现企业脱胎换骨，在前进中实现产业转型升级，为中原经济区建设提供不竭动力。

附录二 开放合作推动传统农区工业化的典范[①]

——关于原阳县家居产业园运作情况的调研报告

1. 基本情况

（1）项目规划实施情况。原阳县家居产业园项目位于原阳县产业集聚区，该项目于 2011 年 10 月 20 日正式启动，项目规划总占地面积 7000 亩，总投资 169 亿元，计划入驻品牌家具企业 150 余家，项目全部建成后，年产值将达到 450 亿元、创税 12 亿元、安排 8 万人就业，致力于打造成一个中原地区集家居产品研发、生产、检测、销售、现代物流于一体的大型综合性基地。截至 2014 年 10 月，已开工建设 2000 余亩。已建成投产的企业有河南顶好家具有限公司、河南省十月家居有限公司、河南省千家万福家具有限公司、河南省威仕德木业有限公司等 18 家，完成固定资产投资 16 亿元，提供就业岗位 5000 余个；在建项目有 36 个，已完成固定资产投资 28 亿元，主体已基本建成 22 个，河南名昊木业有限公司、河南省谢氏木森家具有限公司等 10 家企业正在安装调试设备。

（2）项目运营基本情况。原阳县家居产业园项目由河南省川渝商会家具分会承办，汇聚众多家具制造企业联合成立了园区运营商具体负责招商和运营。按照"政府好助手、企业好帮手"的服务理念，实施中介招商、以商招商，推动集群引进、抱团发展。基于成功运作经验，2014 年 3 月中国家具协会授予其"中国中原家具产业园"称号。原阳县加大复制创新力度，委托河南省餐饮与饭店行业协会组织招商、国基建设集团有限公司运作，建设中央厨房项目推动食品板块发展，已签约入驻企业 40 多家，将打造中原地区最大的集豫菜研发、食材加工、食品检测、冷链配送于一体的现代产业综合体。

[①] 2015 年 3 月份调研成果。

2. 主要运作模式

（1）遵循规律、谋定而动。2010 年，河南省川渝商会家具分会经过综合考察，主动找到原阳县接洽。原阳县政府没有马上决策，而是和河南省川渝商会家具分会一起，多次带队到中国家具产业比较先进的北京、广东、四川等地深入考察，对家居产业进行了多轮论证和分析，达成了这是家具行业的整合期、也是原阳战略机遇期的共识，探索了由具体运营的方式建设原阳县家居产业园。从谋划到决策、从开工建设到初具规模，总体来看，原阳县家居产业园实现了"三个遵循"，一是遵循区域经济发展的规律。从全国看，随着国内沿海地区制造业在能源、原材料、土地特别是劳动力价格上的不断攀升，为寻找综合成本较低的生产基地，国内沿海地区家居产业向中西部地区加速转移，家居产业整体格局正在洗牌和重构。从省内看，随着郑州都市区建设，郑州产业逐步向高端制造和服务业方面发展，在产业升级和外溢过程中，原居郑州、莆田等地的中小家居企业向外一迁再迁，在中牟、开封、原阳等地苦苦寻找生产基地，原阳承接家居产业转移有"天时"。二是遵循产业集群成长的规律。基于国内和省内区域发展的分析，原阳县家居产业园以"承接产业转移、整合河南家居品牌"为战略定位，前期主要吸引郑州溢出的家居企业，形成规模优势后招大引强。这主要是原阳与郑州仅一河之隔、三桥相连，25 分钟可达郑州，依托郑州能够有效保障物流、原材料供应和市场销售，而土地、劳动力又比郑州都市区成本低；加之，郑州溢出的企业规模较小，一家企业往往难以落脚，整体转移、抱团取暖是其必然选择，原阳在集群引进、抱团发展上得"地利"。三是遵循家居产业成长规律。目前，河南家具产业不集中、不规范，处于"小、散、乱"阶段，水平和款式都比较落后，无论是承接家居企业转移，还是整合本土家居企业，都急需通过原厂搬迁、企业转移走出一条改造、升级之路，原阳县家居产业园汇聚了政府和企业共赢的"人和"。

（2）搭建平台、专业招商。在招商模式上，采取的是"两专一平台"的模式，就是搭建平台、专业招商、专业服务，推动由单个企业转移向集群引进的转变，从单个公司发展向集群化、体系化的转变。搭建平台，按照"搭建平台、筑巢引凤"的思路，园区运营商设立产业园运营管理指挥中心、产业园招商管理中心、资金运营管理中心、服务中心等组织机构，搭建 "家居"基础设施平台、互动交流平台、增值服务平台，以招商、养商、安商、富商为原则，利用各方资源和全新模式，服务于家居行业，打造中国家居品牌基地。专业招商，按照"以商招商、产业链招商"的思路，首先是带动川渝商会的会员企业进来，抱团同政府洽谈和协商，使得企业不需单打独斗，既增加了企业谈判筹码，也符合政府集群引进的要求。在初具规模之后，在专业的网络、报刊、展会投入大量宣传，派多人多次赴全国大型家具批发市场宣传,深入上万家家具企业进行一对一推介,面向国内外进行专业化宣传和专业化招商。专业服务,按照"专业服务、全程服务"的思路,由园区运营商对所有入驻企业提供保姆式、专业化、"一条龙"服务。入园企业不需与诸多政府部门打交道,所有手续都由服务中心统一完成,企业只需安心经营即可,这样不仅减少了人力和精力,而且效率大大提高。园区运营商还对入园企业进行资金帮扶,入驻企业缺乏资金,由运营商为企业担保,只收银行利息;每月对入驻企业进行一次管理培训,带领企业到大型家具企业参观学习,督促并帮助企业在思想、技术、设计、安全、销售等方面全方位提升。

(3)政府引导、市场主导。在政商关系上,采取的是"运营商选商、专家评审、政府把关"的三位一体模式,即运营商先进行选商,由政府对具体项目组织专家评审、监督把关。作为政府,不直接介入产业园的建设经营,主要是创造两个环境,完善园区基础设施的硬环境,整合服务部门为园区提供一站式服务的软环境。同时,做好指导引导,指导园区运营商制定具体的、符合当地实际的产业园建设规划和方案,对项目进行评审把关,促进规划实施和项目落地。作为运营商和企业,对资源配置起主导作用,由园区运营商负责招商及项目开发,对产业链进行横向整合。结合家居产业的特点和原阳实际,以工业厂房出租和销售为主,以土地出让为辅;以代地方政府招商为主,以商业开发为辅;以为入园企业进行全方位服务为主,以整体物业管理为辅。

3. 有益启示

近几年来,河南坚持把开放招商作为"一招应多变""一举求多效"的综合性战略举措,推行专业化、产业链、集群式承接新模式,产业集聚区、商务中心区、特色商业区(街)等发展载体集聚辐射能力日益提升。但新常态下,如何增强承接产业转移实效,原阳县家居产业园的启示主要是"专业、专人、专注"。

专业。产业集群成长具有规律性,不同的产业、不同的区位、不同的基础条件,产业转移、集聚、发展的内在规律具有差异性。无论是政府还是企业都应更加专业化,每一个园区都应该找准主攻方向,重点发展哪些产业,主要引入哪些企业,这些企业主要分布在哪些区域,入驻企业与本地企业如何分工协作等问题都要分专项进行研究,做到心中有数,突出精准招商,力求做到聚焦、聚神、聚力。更加突出企业主体地位,大力开展以商招商、中介招商、集群招商,突出专向提供服务、专向信息收集,避免浅尝辄止,提升集群引进的水平、质量和效能。

专人。原来那种粗放的方式不能适应产业转移新形势的需要,必须要提高招商的精细化程度,政府部门难以掌握如此多的信息渠道,这就需要专业的运作团队,培育一批园区综合运营服务商,对产业链各环节上重点企业的主要分布、发展思路、战略布局、高管背景等，各类承接渠道的特点、效果等，每一个领域、渠道和方向都有专人负责深度研究，汇集政府、专家、企业等组成专业队伍去论证、确定、推动，真正弄明白、真正把好脉，提高集群引进的效率和针对性。

专注。在深入调研、科学论证的基础上，一旦形成决策就要持续努力、主动作为，有一股钉钉子的精神，咬定青山不放松，作为政府要不动摇、不懈怠、不折腾，抓住关键环节，突破瓶颈制约，以重点突破带动全局发展，持续推进、久久为功；作为运营商和企业家，抱着把这个事办成的决心，加强战略谋划，搭建交流合作平台，扩大园区品牌影响力，遇到困难也不退缩。在前期企业微利经营时，政府应加强服务，支持企业渡过发展难关，形成政商合作新模式。

课题组在调研中也发现原阳县家居产业园在运作中存在一些问题，需要研究论证、认真解决。一是规划层次尚需进一步提升。由于家居是消费类产品，家居产业园应当做到整体规划、景区化设计，做到可参观、可走访。二是主导产业链需要细化设计。发展前期应坚持吸引郑州溢出的中小企业的产业定位，而非舍本求末去外地吸引龙头企业。还有如何推动家居企业在转移过程中打造高端品牌，加强设计环节和专业化分工；产业和未来建设的市场如何有效对接，市场建设如何有效吸引郑州客流，都需要进一步论证。三是公共服务体系相对滞后。鉴于园区土地制约和家居企业以中小企业居多的特点，应多建设高标准厂房和公共设施，公共技术平台、检验检测平台、消防安全体系、高管员工的社区服务等还很薄弱。

4. 几点建议

着眼于河南产业集群发展上规模、上水平、上层次，提出如下对策建议。

一是指导和帮助原阳县家居产业园发展。指导其完善规划、加速配套、提升层次，引导同类企业项目向园区集中，支持其建设现代家居产业基地。有关部门要对原阳县家居产业园存在问题进行深入调研和分析，统筹协调土地、环保、消防等问题，如建设家具检验检测中心等，切实避免由于公共服务滞后影响产业集聚区发展。

二是总结全省成熟的集群引进模式。组成集群引进模式专题研究小组，抽调政府、专家和企业人员等参加，对河南近几年较为成熟的集群引进和招商引资模式进行梳理、总结、提炼，形成集群引进案例库，通过现场观摩、经验介绍等方式推广，把好做法、新模式复制创新，推动园区由1.0（政策优惠、硬环境、规模扩张）向园区2.0（制度建设、软环境、内涵提升）转型。

三是加大智能终端、家居、制鞋等终端消费类产业集群引进力度。适应我国消费升级和更加注重品牌质量的需求，发挥河南的区位和劳动力优势，从省级层面分行业加快制定出台终端消费类产业发展规划、产业链条图谱和行动计划，加大集群引进力度，集聚设计、品牌等高端资源，引导在转移中适用新技术、新产品、新业态、新模式，持续培育新的利润增长点；培育一批园区综合运营服务商，以区中园的方式进行综合开发，提高园区层次；支持终端消费类企业与河南能源原材料产业对接，构建全产业链竞争优势；转变优化政府扶持方式，积极探索市场化的支持手段。

　　四是加快以郑州为中心的物流支撑体系建设。完善以郑州为中心的物流网络，提高交通基础设施互动互联水平，引导第三方搭建"线上线下"深度融合的物流平台，构建"环郑州"半小时物流圈，引导家居、食品等一般消费品产业向郑州周边地区转移，开通家居、食品等产品绿色通道，免收过桥过路费，打造一批"环郑州"特色轻工业基地，形成产业链配套体系，提升对消费类产业的承载力和支撑力。